鑑古尋根：香港歷史與古蹟尋蹤

蕭國健　著

序

歷史篇 CHAPTER 01

宋代的官富場 002

李昂英與大嶼山「食邑稅山」界石 010

遷界：清初香港地區的蕭條 018

開埠初期香港的社會問題 023

1894 年以後三十年巨變中的香港 030

馬灣洲與九龍海關汲水門關廠興衰 041

荔枝角九龍海關深水埗關廠興衰 049

荃灣與仁濟醫院 054

香港之正一派天師道與先天道 058

香港儒道商人的善行與神明傳入 065

古蹟文物篇 CHAPTER 02

錦田周王二公書院 072

錦田水頭村二帝書院 079

錦田水頭村長春園 089

新田大夫第與清代捐納制度 102

錦田水頭村流傳的孝行事蹟 109

屏山鄧氏文物館及沙田曾大屋內的壽屏 113

香港地區的節婦烈女 118

大埔新娘潭 125

香港新界仍存的鐵鑄器物 128

說窨 131

香港的清真寺 141

筲箕灣城隍廟與五通神祭祀 146

茶果嶺天后古廟內的「李準先人之神位」 152

名剎篇　CHAPTER 03

屯門杯渡庵、青雲觀與青山禪院　　162

坪輋長山古寺　　173

大嶼山薑山觀音寺　　177

大嶼山鹿湖精舍　　186

大嶼山竹園精舍　　191

大嶼山薑山靈隱寺　　194

青山清涼法苑　　198

粉嶺龍躍頭龍山寺　　201

湮沒古村落篇　CHAPTER 04

港島鋼線灣村　　208

從黃泥涌到跑馬地　　210

銅鑼灣與大坑村　　215

鰂魚涌　　221

調景嶺　　226

九龍城衙前圍村　　228

九龍蒲崗村及竹園村　　233

九龍城大磡村　　236

大埔沙羅洞　　238

荃灣城門鄉　　241

人物篇 CHAPTER 05

鄭連昌與鯉魚門天后古廟	246
清代粵洋巨盜郭學顯	249
李陞與西環的發展	256
鄧蔭南與青山農場	262
陳少白與《中國日報》	267
九龍真逸陳伯陶	272
沈鴻英與元朗逢吉鄉上將府	277
李福林與大埔康樂園	281
葉靈鳳與香港歷史掌故研究	284
陳公哲與香港考古發掘	287

序

　　香港位於廣東省南陲，歷代皆為中國屬土。早在宋明期間
（960-1644），中原人士相繼遷入，開村立業。清初雖一度離去，
數年後亦多遷回復業。至清乾嘉年間（1736-1820），鄰近客籍人
士大量遷入，開村立業。英人東來時，香港地區已有眾多廣客村
莊，人口亦日漸繁衍，內陸者多以樵農為業，濱海者多務漁農。
此等廣客人士，於區內建屋開村，創立墟市，修建祠宇、書院及
其他建築，因致區內遺留多姿多彩的古蹟與文物。

　　古蹟文物為古人留下的痕跡，包括行跡及遺蹟。吾人日常
生活環境中，幾乎舉目皆是古蹟與古物。然內中「有重要意義」
者，吾人須加以保護及保留。有重要意義的古蹟古物，當為較
古、較稀或具有歷史價值。世界各地對「古」看待標準不一。香
港地區則以 1950 年為限，此前的建築文物，皆算作古蹟，擬受
保護。

　　一般來說，古蹟文物可分為人類事跡及社會文化遺蹟兩類：
人類事跡為在歷史上有重大影響力的人物及重要歷史事件發生所
留下的痕跡；而社會文化遺蹟則為生存環境中，人類為改善生活

所創造的建築、工具、日用品及藝術創作等。二者皆為古文物。吾人所保留之古蹟文物，固然以年代久遠為貴，惟其歷史文化價值亦甚重要。

香港自古已有先民居停，歷代皆中國屬土，惟於 1842 年至 1997 年間，曾為英國殖民地。香港所存古蹟文物種類繁多：有新石器時代文物及遺址、東漢古墓、明代碗窰、清代古建築及英屬期間的西式建築，此等古蹟文物各有其歷史價值，皆應受保護及保留。香港為一大都會，因都市發展，不少古蹟文物已被破壞或拆除。

為保護仍存的古蹟文物，政府已作調查記錄，並由古物諮詢委員會按其歷史價值，評分三級：一級建築為「具有重大價值的重要建築物，應盡力予以保存」；二級建築物為「具有特別價值的重要建築物，應選擇性予以保存」；三級建築物為「具有價值的建築物，暫時仍未符合可列為法定古蹟之條件，這些建築物記錄後，供日後挑選為法定古蹟」。

余隨羅師元一（香林）習香港史及族譜學，繼從林師天蔚習方志學，學成後，與德國名漢學家傅吾康教授（Prof. Wolfgang Frank）及前香港新界政務署署長許舒博士（Dr. James W. Hayes）等交往，各氏對余研究香港歷史文化與古蹟文物之志向及成果影響甚大。20 世紀末，余於香港珠海書院任教香港史。香港回歸後，余且獲機會參與政府的香港歷史文化與古蹟文物評審與保育工作。

近十多年來，余蒙內子譚肖荷女士、門人黃志培、羅維貞伉儷及各界好友之助，於工餘間，常往香港新界及鄰近地區，作田野考察，抄錄碑銘，拍照記錄，並與鄉村父老長者交談蒐集資料，歸家後查考歷史文獻、地方志乘、族譜及碑銘資料，研究鄉村發展，並為之撰文記錄。今將香港部分地區的歷史文化與古蹟文物研究所得，輯集成書，題名為「鑑古尋根：香港歷史與古蹟尋蹤」，希讀者能對此等文物與其歷史，有較正確之認識。因近年香港各區發展，部分文物或已湮沒，或被改建，原貌或已難考。書中所載照片，可留作歷史記錄。書中不足之處，敬希惠予賜正。

2020 年暮春月
蕭國健於顯朝書室

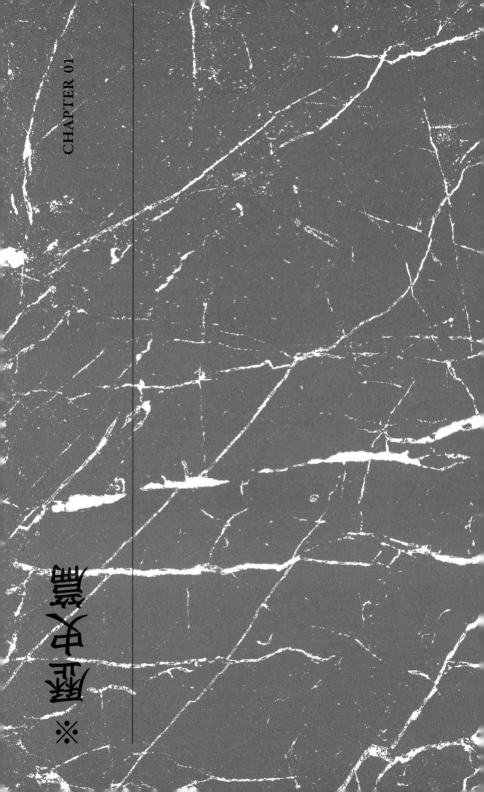

CHAPTER 01

※ 農中藍

宋代的官富場

　　早於三國期間，孫吳政權已於今九龍沿海一帶設置鹽場，派兵駐守，承擔守疆任務，惜情況未詳。唐開元二十四年（736）正月，朝廷於該區沿海設屯門（軍）鎮，以鎮將率兵二千名駐守，治所位今蛇口半島北面之南頭城。該軍鎮隸安南都護府。[1] 天寶三年（744），海寇吳令光為患浙江沿海，並擾永嘉郡，南海太守吳巨鱗以屯門鎮兵泛海北上平之。[2] 五代南漢間，仍設屯門軍鎮，以同知屯門鎮檢點率兵駐守，惜駐兵數目未詳。[3]

宋代官富場地

　　趙宋間，香港九龍沿海一帶仍置塞防，初以靜江軍駐守。南宋年間，香港地區盛產海鹽，其沿海地域分屬官富場及東莞場：東部沿岸地帶屬官富場[4]；西部沿海一帶，包括大奚山（今稱大

佛堂門石刻

嶼山)一帶，屬東莞場轄下之海南柵[5]。

　　紹興年間（1131-1162），海南柵曾為土著朱祐所據。朱祐投誠後，所屬少壯者被選為水軍，老弱者則放歸，立為「外寨」，差水軍使臣一員率領。[6]致該外寨水軍之隸屬，今已難考。

　　慶元三年（1197），大奚山徐紹夔等私醃造鹽，提舉徐安國捕鹽梟於大奚山島上，島民由萬登、徐紹夔等領導抵抗，官軍未能平之。其後，廣州經略錢之望遣福州延祥寨摧鋒水軍往剿，擒徐紹夔等，並盡殺島民，且墟其地。[7]事平後，差摧鋒水軍三百名往戍，每季一調。但香港地區西部大嶼山之地距潮州孤遠，久亦生事，難於管制。故於慶元六年（1200），有司將戍卒兵額減半

（即百五名），調駐東部之官富場，以其較近潮州，便於管制及更調；至南宋亡始罷。[8] 元代仍設屯門寨，惟駐兵情況不詳。[9]

宋末二帝遺蹟

南宋末年，端宗正位福州，以元兵追迫，遂入海。由是而退往泉州，繼而赴潮州。景炎二年（1277）春，端宗自惠州甲子門入廣州治，二月舟次於梅蔚，四月進駐官富場地，嘗建行宮於世稱宋皇臺（聖山）之地。[10]

清嘉慶《新安縣志》云：「官富山在佛堂門內，急水門之東，帝舟曾幸此，殿址尚存。」又官富駐蹕條引《行朝錄》稱：「丁丑四月，帝舟次于此，即其地營宮殿，基址柱石猶存。」[11]

帝是駐蹕官富，於其地營宮殿。[12] 帝是離官富時，流離播越，宗室因倉卒而未能隨行者，多散居各邑，且有匿居馬頭角一帶，後建古瑾村。趙氏譜牒，彰彰可稽。

官富古村

宋皇臺（聖）山之西南，有二王殿村，以端宗偕弟衛王昺同次其地得名。其北有金夫人墓，相傳為楊太后女晉國公主之墓，其人先溺於水，至是鑄金身以葬。[13] 西北有侯王古廟，東莞陳伯陶《侯王古廟聖史碑記》中疑所祀奉者為楊太后弟（楊）亮節，其人道死葬此，土人立廟以祀其昭忠。[14] 因都市發展，金夫人墓所在地已難確指，今只餘上帝古廟門前牌樓耳。[15]

今九龍馬頭圍，即古之古瑾村，又名古瑾圍。該地得名馬頭圍，實因距古瑾村不遠處，舊有一大石，於小山之一角突出，形如馬頭，因而得名。山角下之圍村，則名馬頭圍，古稱古瑾圍。[16] 該圍於清代屬官富司所轄。[17] 舊村外有矮石牆環繞，圍內舊有石砌小廟，中塑男女神像，狀如帝王與皇后。據云此即該村趙氏先祖。歷元、明兩朝，廟漸傾圮，只餘基址柱石。清乾隆間，土人將其址改建為北帝廟。1921 年，因該地開闢市區，北帝廟遂遷至今譚公道。1929 年，紅磡坊眾復遷廟於今鶴園街、馬頭圍道與北拱街交界處。[18]

宋皇臺遺蹟

宋皇臺位九龍灣畔一濱海小丘上，該小丘名聖山，其得名，殆因宋末帝昰、帝昺二帝南遷時曾駐蹕於此。二帝車駕離九龍後，元人遂刻「宋王臺」三字於該巨石上，以紀宋帝之曾駐蹕於此。[19]

「宋王臺」三字右旁另有「嘉慶丁卯年（嘉慶十二年，1807）重修」七字。簡又文先生於其〈宋末二帝南遷輦路考〉一文中謂：「該石刻乃由廣東水陸路提督錢夢虎、受命新安營游擊（全銜為水師提標左營游擊）林孫、知新安縣事李維瑜、及官富巡檢故宏昭等於嘉慶十二年重刻。」[20]

19 世紀末，港人欲在聖山採石。1899 年 2 月，港紳議員何啟爵士代表民意，請求立法局立例禁止，遂有「保存宋皇臺條例」：

「宋王臺」石刻

「規定此地不得租賃建築屋宇，或他項用途，惟須保存該項勝蹟，以資後人遊覽，並藉作考古之用。」同時，政府又於山麓立中英文小石碑，字分兩行，上寫「此地禁止採石，以保存宋皇臺古蹟」。

1915 年，政府擬公開拍賣該地。香港大學教授賴際熙籲請政府永遠保留該古蹟，並有港紳李瑞琴捐貲，建築石垣環繞。政府許其議，古蹟遂獲保存。

1941 年，日軍佔領香港，為擴建啟德機場，乃將聖山上巨石炸開，用以建築機場跑道。刻有「宋王臺」三字的巨石則幸能保存。

1945 年，本港重光。政府為保存古蹟，乃於聖山原址之西、譚公道東，建「宋皇臺公園」，並將此巨石削為四方形，移置園內。公園於是年冬落成，旅港趙族宗親總會獻議立紀念碑於園內，碑文由簡又文先生主撰。1959 年 12 月 28 日舉行紀念碑揭幕典禮。[21] 碑記分中英文，分立入門左右處，遊園者一讀碑文即可知「宋王臺」歷史。

九龍城宋皇臺公園附近出土的宋元遺址

2014 年 6 月初，地鐵沙中（沙田至中環）線土瓜灣站地盤工程進行時，發現一古代文化遺址。經調查發掘，獲宋元時期牆基、灰坑、石砌方井及渠道等遺蹟，又發現大量時人日常生活用品碎片，可證實該地於宋元時代確有人類居住活動。

此等出土文物，可作上文所引述宋元間官富場活動、南宋摧鋒水軍駐守、宋末二帝居停、宋元古瑾園與二王殿村發展等歷史之佐證。

此次發現，有助推動香港歷史研究向前邁進。

【註釋】

1. 拙著《香港歷史與社會》（香港：香港教育圖書公司，1994 年），〈屯門鎮考〉，頁 87-91。

2. 《舊唐書》，〈本紀第九〉，〈玄宗下〉，天寶三年條。

3. 《香港歷史與社會》，頁 103-105。

4. 清舒懋官《新安縣志》，卷四，〈山水略〉之官富山條載：「官富山在佛堂門內，急水門之東。」明顧祖禹《讀史方輿紀要》，卷一百一十一，〈廣東二〉，廣州府新安縣梧桐山條又載：「又西南八十里大海中，有官富山，山之東有官富場。」由此可見官富場實位急水門之東，包括今九龍、港島、牛頭角、清水灣、西貢、及大鵬灣一帶濱海地域。

5. 宋王存《元豐九域志》，卷九，廣南東路東莞縣條載：「靜康、大寧、東莞三鹽場，海南、黃田、歸德三鹽柵。」清嘉慶《大清一統志》，卷三百四十，廣州府關隘條載：「海南場，在大奚山。」大奚山即今之大嶼山。文獻可證香港西部沿海一帶實為東莞場轄下的海南柵鹽場無疑。

6. 明盧祥《東莞縣志》，卷一，〈山〉，大奚山條。

7. 《古今圖書集成·職方典》，卷一千三百九十三；又見陳伯陶《東莞縣志》，卷三十，〈前事略二〉。

8. 《古今圖書集成·職方典》，卷一千三百九十三；又見陳伯陶《東莞縣志》，卷三十，〈前事略二〉。

9. 元陳大震《南海縣志》，卷十，〈兵防〉，巡檢寨兵條。

10. 《宋皇臺紀念集》，卷三，簡又文〈宋末二帝南遷輦路考〉，第六至第十三條。編者按：該地有「宋王臺」石刻，現通用「宋皇臺」地名。

11. 清舒懋官《新安縣志》，卷十八，〈勝蹟略〉，官軍駐蹕條載：「宋行朝錄：丁丑年四月，帝舟次於此，即其地營宮殿，基址柱石猶存。」

12. 清舒懋官《新安縣志》，卷十八，〈勝蹟略〉，官軍駐蹕條。

13. 黃佩佳《九龍宋王臺及其他》，金夫人墓與耿迎祿墓條。

14. 詳見九龍城侯王古廟外壁上民國六年（1917）東莞陳伯陶撰並書之《侯王古廟聖史碑記》。

15. 詳見九龍城露明道公園內饒宗頤所撰《九龍古瑾圍上帝古廟遺址建公園記》。

16. 《宋皇臺紀念集》，卷三，簡又文〈宋末二帝南遷輦路考〉，第十四條，〈宋皇臺遺址〉，附錄一，馬頭圍條載：「馬頭圍，即古瑾圍，昔名古瑾村，亦屬官富司。南宋時，宗室趙氏居此，後遷今東莞縣。其地改設市區後，村廢。」

17 清靳文謨《新安縣志》，卷三，〈地理志〉，都里條中載：古瑾村位大帽山
之外，屬五都。清舒懋官《新安縣志》，卷二，〈輿地略〉，都里條中載：
古瑾村屬官富司管屬村莊。

18 詳見九龍城露明道公園內饒宗頤所撰《九龍古瑾圍上帝古廟遺址建公園記》。

19 其稱宋王之由清陳伯陶《東莞縣志》，卷三十八，〈古蹟略二〉，前賢遺址條
引《古今圖書集成·職方典》載：「宋景炎中，帝舟嘗幸於此。元史以帝、
帝昺為二王紀。此元時舊刻，故稱宋王。」

20 詳見《宋皇臺紀念集》，卷三，簡又文〈宋末二帝南遷輋路考〉，第十四條，
〈宋皇臺遺址〉。

21 詳見九龍城宋皇臺公園內簡又文所撰《九龍宋皇臺遺址碑記》。

1955 年，時人於香港大嶼山梅窩涌口處發現一界石，長一尺許，作四方柱狀，頂部刻「李府」二字，石身四面皆刻「食邑稅山」等字，惟石上無年份或年號。1981 年冬，又有人於島上東北部萬角咀處發現一界石，上刻文字與前者相同。

宋李昂英與大奚（嶼）山

清康熙《新安縣志》載：「大奚山，在縣南一百餘里，一名大漁山，為急水、佛堂二門之障，有三十六嶼，週迴二百餘里。有異鳥，見則風生，山下有村十餘，多鹽田，宋以為李文簡食邑，今仍之。」[1] 另據清嘉慶《新安縣志》載：「大奚山，一名大嶼山，在縣南百餘里。有異鳥，見則大風生，山中村落多鹽田。宋以為李文簡食采，今仍之。」[2]

食邑、食采者，皆朝廷賜予徵稅為用之地。李文簡即李昂英，字俊明，號文溪，廣東番禺人，生於南宋嘉泰元年（1201）。嘉定十五年（1222）以春秋中解元；理宗寶慶二年（1226）中探花，繼入仕途，授汀州推官。端平三年（1236）被詔為太學博士。嘉熙二年（1238）升秘書郎，兼沂王府教授，同年出任福建建寧憲倉提舉，後藉父喪引退。淳祐六年（1246）再次出仕，任右正言，兼侍講。淳祐十二年（1252）遷江西提刑，兼任贛州知州。寶祐二年（1254）授大宗正卿，兼國史院編修、實錄院檢討、翰林侍講學士，官至龍圖閣待制、吏部侍郎，加中大夫，封番禺開國男，賜食邑三百戶。寶祐三年（1255）斥宦官董宋臣專權後告老還鄉。晚年居廣州文溪。其後宋理宗邀其再仕，不應。理宗遂御書「久遠」堂匾賜之。寶祐五年（1257）八月卒，年五十六，諡忠簡。

其時，番禺與大奚（嶼）山同屬廣州府管轄，或以番禺縣內所撥食邑戶數不足，乃以大奚（嶼）山益之。觀志書之記載及該處發現的界石，可證實該處為李昂英食邑的一部分。

明清兩朝李久遠堂與大嶼山的關係

明代時，大嶼山之地仍為李昂英後人所有。明《宋季李忠簡會城祠復賜田記》中載：「（李昂英）封番禺開國男，凡食七邑，賜田如千頃，新安大奚山其一也。迨我疆場吏政龐敝，田沒於豪右……（嘉靖年間）時鄉豪有私大奚田者，且自實於官，窳吏曰：『官田也，盍鬻諸。』公裔孫潯洲太守翱……進白於王（即巡院王

德溢）曰：先世賜田，不忍棄也，敢固以請。王曰：『義哉！其割百畝以歸祠祭，餘可計值而有耳』……然稍難於鉅值。」[3] 大奚即今之大嶼山，上文可證該地實為李昂英賜田無疑。至明末時，此地仍歸其後人所有。

其時，該處田土皆屬李久遠堂產業。據大嶼山東涌侯王宮內清乾隆四十二年（1777）的《公立大奚山東西姜山主佃兩相和好永遠照納碑》載：「竊大奚山田土周圍等處，原係李久遠堂祖遺之業，因康熙初年，移界丟荒，招佃李歧遠、鄧佩茂來山開闢……」[4] 可見清康熙年間以前，該處仍為李久遠堂的產業。宋寶祐三年（1255），李昂英辭官歸居文溪之上，因以自號。上嘗賜其所居牌匾，曰久遠，曰文溪，曰嚮陽堂。「李久遠堂」想為其後人之堂號。文溪則為廣州城內橋名，《廣州城坊志》引黃芝《粵小記》載：「宋李忠簡於會城建有三橋，曰狀元，曰獅子，曰文溪。」[5] 同書長塘街條載：「文溪橋，宋李昂英所建，在城內惠愛街八約……李忠簡昂英卜居溪上，自號文溪。」惟橋以公之號為名，抑公以橋之名為號，則無法考究。

清代，大嶼山仍為李昂英後人李久遠堂產業。大嶼山南部杯澳鹹田張氏所藏清雍正六年（1728）其祖張文昇向李久遠堂佃地批約中載：「碧沙陳李宅久遠堂為批照事：祖宋探花，歷官龍圖學士，謚忠簡，食邑祭田坐落大奚山土名杯澳塘塞湖……」嘉慶十一年（1806）其祖張恭廷向該堂佃地批約中亦載：「發批碧沙陳李久遠堂，有祖宋學士忠簡公食采流祭嘗田，坐落新安縣大奚

山，奉督藩憲准詳定，以每畝歲輪租銀伍錢。今佃人張恭廷到祠領出杯澳庄土名沙學背田……」可見其時，杯澳地區亦屬李久遠堂產業。

又島上北部沙螺灣把港古廟內，有咸豐二年（1852）的重修把港古廟碑，其捐者芳名中，有「少房李久遠堂」及「碧房李久遠堂」。而大澳關帝古廟內，有咸豐二年（1852）的重修武帝古廟碑

「食邑稅山」界石

志，其捐者中，有「碧沙陳李久遠堂」芳名。由之可證，其時李昴英後人仍為大嶼山土地擁有者。

1898 年，英人租借新界及附近離島，大嶼山遂歸香港政府所有。前代所餘之文物——「李府食邑稅山」界石，其一安放於梅窩碼頭前的小公園內，供人研究；另一存於香港歷史博物館，供人欣賞。

番禺沙灣李忠簡祠（久遠祠）

李忠簡祠（久遠祠），位處番禺沙灣鎮東村青羅大道北側，為沙灣李氏族人奉祀南宋理宗時尚書李昴英之所。沙灣鎮位於

市橋鎮西南。該地舊為一淺水沙灣，因名。明清設沙灣巡檢司；1932年設沙灣鄉；1974年改沙灣鎮。該地最早居民為蘇、麥二姓，居南排崗。後曾、李、何、黎、王、趙等姓相繼遷入。何氏居崗口一帶；王氏居西村；黎、李二氏居東村。各姓今已成當地大族，中以何姓為最。該鎮街道呈東北西南向，主要街道有青羅大街、安寧街（分西、中、東三段）、忠心里大街、羅山里大街、三槐里大街等，各街皆由巷里連接。鎮內仍存廟宇及祠堂多座。

李忠簡祠坐西北，向東南，建於明嘉靖十九年（1540）。清康熙年間（1662-1722）及清道光九年（1829）重修兩次。原為三進三間式建築。二次大戰後，二、三進已被拆除。祠內舊有增城湛甘泉（若水）所書「嶺表名賢」石牌坊及宋理宗御書「久遠堂」匾，皆已無存。該地後曾被用作曬穀場。現存門前石獅一對、大門框、臺階、前進山牆角磚雕及簷口蓮花斗拱。門內壁上仍存清道光九年（1829）重刻明嘉靖十九年（1540）之《久遠祠堂記》，原文如後：

明嘉靖庚子久遠祠堂記

祠堂，古宗廟也。古者天子、諸侯、大夫，至於士，皆有廟。庶人祭於寢，後世廟非賜不得立，先儒以為情靡申也。於是斟酌古禮，為祠堂之制，以廣夫士庶人者之孝，而達卿貴仕得通行焉。是以奉先則幽者歆，以合族則渙者萃，以建宗則統者一。君子終身之孝，孰有踰於此哉？

番禺沙灣李氏，吾廣文獻之宗也。自其始祖朝請大夫諱邵，七世至忠簡公。公次子文林郎輅院諱守道。五世孫彥璋，始徙居於沙灣，生四子：昊、昂、鼎、昇，而族益大。於是始構祠堂，祀忠簡公而附以輅院至昊輩，又以彥璋附焉，蓋沙灣始遷之祖也。

一日合族議曰：「祠堂之設久矣，修而圮，圮而修，尚未備也，是誰責乎？」於是稽度經費，鳩工諏吉，同率興事。既成而落之，乃使韡及汝梅兩進士謁。予記：嗟乎！物莫不各有所自。祖者，人之所自也。人莫不知尊之，而不知其所以尊亦多矣。夫以有天下者，積累艱難，以肇基迹，使為之繼承者，非有道德仁義之澤、正直忠厚之風，有以培植其根本，其將何以長有天下也？觀天下而一國可知，觀一國而一家可知。故曰：「君子創業垂統為可繼也。非繼其業也，繼其善也。能繼其善，斯可以繼其業矣。」

李氏由朝請以來，善善相承，久□不替。逮至忠簡公，正色立朝，力排嵩之之黨，黨論危言，用明國是。雖其道不盡行於當時，而儲休累祉，至於今日。子子孫孫聯名競耀，挺出群倫之表，其潛而未躍、隱而不見者，又不知其幾何矣。所謂德厚流光，非此謂耶？彼嵩之者，雖其窮階厚秩，烜赫於一時，而凶德虐燄，人至不忍言之於口。今其遺胤亦未聞者，縱或有之，非惟人所惡見，而為之子孫亦羞稱其世，而不慊其為人。則夫有國有家者，其可不思所以詒燕之道，而營營取炫於目前，亦獨何哉？

祠之制，後為寢三楹。榜曰「久遠堂」，實宋理宗所賜額云，又連賜號文溪。公自題聯曰：「聖德如春和萬姓，臣心向日秉丹衷。」

門生春叟拜書簷榜曰：「古今師表」。左為庫，右為廚寢，後為樓，
祀忠簡祖。行樂碑像額曰：「敬之在茲」。榜曰「表賢」。祠聯曰：「菊
坡門下傳心印，淳祐朝中展壯猷。」馮紹京題樓祀文昌、魁星二宿，
榜曰「降星樓」，聯曰：「心小可涵天地大，眼精堪徹古今微。」

前為亭三楹，榜曰「御書欽賜嚮陽堂」，聯曰：「星降庭中，淺
炎宋之精華，光被四朝，俎豆永承天子澤；梅開嶺表，萃南方之間
氣，清垂百世，忠貞長見老臣心。」簷榜曰：「中流一柱」。左塾秋鶴
軒，右塾霜竹居，識公志也。臺曰「得月臺」。兩廡三楹，儀門亦三
楹，上榜曰：「歷朝特祭」。前榜曰：「百世流光」。湛若水題聯曰：
「父子一男兩學士，祖孫四部二天官。」後榜曰：「南方間氣」。徐梅
埜題東角門曰「豐功」，西角門曰「茂德」。左為鐘樓，曰「向日」；
右為鼓樓，曰「從龍」。

大門三楹，榜曰「賜謚李忠簡祠」。聯曰：「派衍自周朝，王局床
中，著得經書垂百代；名傳於宋史，龍圖閣內，長流祀典享千秋。」
東柵門曰「仙枝垂蔭」，西柵門曰「珠海承源」。左右為綽楔二，繚
以垣墉，城以階城，實實枚枚，而廟貌森然矣。瀕年營度，至是庚
午，規制始大備云。

僉都御史、原任貴州巡撫、遠姪孫義壯頓首拜撰

大清道光九年歲次己丑孟夏吉旦勒石

【註釋】

1　清靳文謨《新安縣志》，卷三，〈山〉，大奚山條。

2　清舒懋官《新安縣志》，卷四，〈山水略〉，大奚山條。

3　明黃衷《宋季李忠簡會城祠復賜田記》。

4　該碑嵌大嶼山東涌侯王宮右殿壁上，碑額：「公立大奚山東西姜山主佃兩相和好永遠照納碑」，全文云：「竊大奚山田畝周圍等處，原係李久遠堂祖遺之業。因康熙初年，移界丟荒，招佃李岐遠、鄧佩茂等來山開闢；每斗種穀芽納租銀肆錢。迨康熙四十一年內，有新邑民人控田主欺隱稅匭。經金臺履丈通洲，共丈得田一十七頃，斷納租銀如舊。茲乾隆十五年，主佃爭租，具控。汪、趙兩臺，斷令各佃輪租仍然如舊。後佃人李岐遠等各祖父手上，陸續自用工本，或在山頭地角、或在海邊沙灘，工築成田。以致田主李祖舜等見此，在乾隆三十三年赴控。前縣楊臺委官富司勘丈周圍，丈得田式拾陸頃五十一畝。主佃兩不樂從，歷控前縣鄭、李、曾、富，以及藩府各前臺伸詳。兩造各不允；而至具稟督憲閣部堂李，屢牌到縣行催，又未詳結。至乾隆四十年十月內，主佃議和，別庄有所不願，惟東、西涌、散頭、姜山、底埗、內長洲等處田畝，佃人情願照丈口辦納。經勸中人梁明廣、鄧翰士、鍾建五、黃禮金勸諭，主佃和好，公立合同；內言明：每畝租銀伍錢、銀水九式色，米壹升，魚菜錢式拾文，補銀水、供膳一槩在內；致納銅錢，照以時價。因和日久未入息，詞亦未出詳，於乾隆四十一年督憲嚴催，經舒太爺詳請，憲臺斷令：租銀伍錢，併無雜派。詳明廣府李、藩憲姚，轉詳督憲李，蒙批。在於四十一年十一月內批：如詳，轉飭遵照。批結在案。其租銀，結案與和者，亦不相上下，主佃皆欲樂從，永斷後訟。當即田主轉立新批與佃收執，其批內書明：每畝租銀伍錢、銀水九式色，米一升，魚菜錢式拾文。其租原係紋銀，因將銀水補入魚菜米銀之費，故公議銀水作九式色用，並無雜派。案經十載，奉憲批結。主佃和好，永照收輸。主亦允遠照收，佃允永遠照納，兩無增減。是以立石之後，我等遵案照批，世世不朽。是為誌。乾隆四十二年歲次丁酉陽月吉日　東西涌庄姜山等公全共立。」

5　黃佛頤《廣州城坊志》（廣州：廣東人民出版社，1994年），卷一，狀元橋、獅子橋、文溪橋條。

遷界：清初香港地區的蕭條

　　清初，為禁止沿海居民對臺灣鄭氏交通接濟，清廷於順治十八年（1661）八月厲行遷海令，沿海居民全部遷回內陸。香港位被遷境內，全區遂致荒廢。清康熙八年（1669）展界，居民被許遷回今新界內陸地區。清康熙二十三年（1684）弛海禁，廢遷海令，離島地區居民始得遷回。

遷海的倡議

　　為禁沿海居民接濟反清的臺灣鄭氏，順治十八年朝廷頒佈海禁令，然收效不大，沿海居民仍與臺灣鄭氏勾結，資以衣食。

　　海禁令頒佈同年，海澄公黃梧倡議遷海，時任兵部尚書蘇納海及同安總兵施琅按議。是年八月，朝廷遂頒遷海令。[1] 有學者認

為遷海令倡議者為房星曄及張雲章，然以二人官職及德行應未及為倡議者。[2]

遷海範圍

遷海範圍集中在江南、浙江、福建、廣東四省沿海，廣東及福建兩省執行較嚴厲，所遷範圍為自海濱向內陸，有遷五十里（廣東）者，亦有四十里、三十里（福建及鄰近地區）、二十里或十里者不等。[3]

勘界及督遷工作分南線及北線兩區進行。南線為廣東地區，朝廷命副都統科爾坤及侍郎介山會勘定界。江南、浙江、福建三省之地為北界，由兵部尚書蘇納海及侍郎宜里布會勘遷民。[4]

實施時，有司定下日期，於界上畫線，凡位於線外者皆內遷。又在界線旁邊立碑，設置煙墩炮臺，派兵駐守。並定時派員弁勘查，私自出界外者死，或以私通賊寇論斬。[5]

遷海期間香港地區所受禍害

清順治十八年初遷，因事出促逼，居民無充分準備，雖得政府安插內地及鄰近地方收容，民困仍未能解。清康熙二年（1663）再遷，大員會勘定界，界線旁邊立碑，設置墩臺，派兵駐守。清康熙三年（1664）三遷，界定，新安縣被裁撤，歸併東莞縣。[6]

香港地區各村全位處被遷境內，西北面自新田起，東北方至沙頭角止，南面村落皆須內遷。界外者棄家園田地，安插界內之

地，至流離失所，家散人亡；界內者亦受之禍害。[7] 朝廷於遷界要地築設煙墩炮臺，派兵駐守，以防遷民出界。位新界者，有屯門墩臺、獅子嶺墩臺、大埔頭墩臺、麻雀嶺墩臺等。[8] 遷民中有「賣界」者，潛出界外，回區內居住。[9]

展界的倡議

遷海對沿海居民為害甚大，但無損臺灣鄭氏自立。且致沿海空虛，易為鄭氏將卒入侵，寇掠反而擴大。

遷海初年，首有湖廣道御史李之芳上奏反對[10]，繼有清康熙五年（1666）福建總督李率泰之遺疏[11]、清康熙七年（1668）廣東巡府王來任之遺疏[12]，加之兩廣總督周有德勘界及請復[13]，朝廷遂於清康熙八年（1669）展界，廣東沿海邊民被准遷回復業，以海邊為界。[14]

清康熙二十一年（1682）臺灣鄭氏降。清康熙二十三年（1684）弛海禁，廢遷海令，沿海島嶼居民始得遷回。[15]

廣東復界的實施

清康熙八年展界，香港沿海邊民復業，以海邊為界，惟遷海令未撤。清康熙二十一年臺灣平，大奚山諸島始盡復。[16] 清康熙八年至二十四年間，清廷招復開墾（康熙十四年至十六年間無），居民陸續遷回。

遷海期間，香港地區因被荒廢，致受賊寇侵擾。可考者有清

康熙二年十一月周玉、李榮之擾；清康熙三年八月袁四都潛於官富、瀝源為巢及同年蘇利之患。幸上述各患最後都為官府所平。[17]

遷海之禍害甚大：遷界過程中人民流離失所，家破人亡者無數；復界後遷回者少；田地房舍荒廢；[18] 前代建築及文物無存。但此事亦致鄰近客籍居民遷入定居，為港九新界地區鄉村日後的重建與發展奠定基礎。

錦田樹屋

【註釋】

1 清《聖祖康熙皇帝實錄》，卷四，順治十八年辛丑八月己未〈諭戶部令〉。
2 拙著《清初遷海前後香港之社會變遷》（臺北：臺灣商務印書館，1986 年），頁 98-100 及頁 103。
3 拙著《清初遷海前後香港之社會變遷》，頁 103-105。
4 拙著《清初遷海前後香港之社會變遷》，頁 98-100。
5 清舒懋官《新安縣志》，卷二十二，〈藝文志〉所載〈國朝巡撫王來任展界復鄉疏〉。
6 清舒懋官《新安縣志》，卷十三，〈防省志〉之初遷及再遷條。清陳伯陶《東莞縣志》，卷三十二〈前事略四〉，〈國朝一〉，康熙元年、康熙二年及康熙三年條。
7 清屈大均《廣東新語》，卷二，〈地語〉，遷海條。
8 拙著《清初遷海前後香港之社會變遷》，頁 115。
9 《香港新界龍躍頭溫氏族譜》中〈移村記〉。
10 拙著《清初遷海前後香港之社會變遷》，頁 118-121。
11 清李恒《國朝耆獻類徵初編》，卷一，〈宰輔一〉，李率泰傳（國史館本傳）。
12 清舒懋官《新安縣志》，卷二十二，〈藝文志〉所載〈國朝巡撫王來任展界復鄉疏〉。
13 清《聖祖康熙皇帝實錄》，卷二十七，康熙七年戊申〈兵部議復〉。
14 清阮元《廣東通志》，卷一百二十三，〈海防略一〉，康熙八年條。
15 清陳伯陶《東莞縣志》，卷三十二，〈前事略四〉，〈國朝一〉，康熙二十三年條。
16 清舒懋官《新安縣志》，卷十三，〈防省志〉之遷復條。
17 拙著《清初遷海前後香港之社會變遷》，頁 151-153。
18 《香港新界龍躍頭溫氏族譜》中溫煥泰所撰〈復界記〉。

開埠初期香港的社會問題

貧窮與棄嬰問題

包括香港在內的中國部分地區，特別是農村，重男輕女思想根深蒂固。有人因貧窮或道德倫常問題，無經濟能力撫養所生；有父母偷偷棄置女兒，希望生一名男孩；有些天生有缺陷的嬰孩也會被拋棄。其時，有等不法之徒，或拐帶他人子女，或以收養棄嬰為名，行販賣嬰孩之實。

1848 年，香港的法國沙爾德聖保祿修會修女們眼見當時棄嬰（多為女嬰）問題嚴重，於是在灣仔莊士敦道及機利臣街交界之海旁設立「聖童之家」（又名育嬰堂），收養被遺棄之嬰兒。那時修會平均每天接收五至七名患病棄嬰，每年累計收容約一千九百人，但收養後仍多有死亡。亦有修女因不習慣香港氣候及衛生環境而感染瘧疾去世，後多葬於跑馬地天主教墳場。1916 年，聖

保祿修會將收養基地遷往銅鑼灣，先後興建修院、孤兒院、學校和醫院。1930 年再於修院範圍內建成「基督君王小堂」供崇拜用。

娼妓問題

香港自開埠之初已有洋妓（半公開，多來自澳門及日本），1841 年有妓院四十六家，妓女數目多達二百人。19 世紀末華人娼妓在中環水坑口出現。1875 年娼妓合法化（公娼制），妓寨多設於石塘咀。1920 年代港府廢公娼後，該地區逐漸式微。

受洋娼之風感染，當時不論洋人華人，都會先買一束花才去探訪妓女。當年奉行洋人找洋妓、華人找中國妓女的嚴格規限。接待過洋人的華人妓女會受同行歧視，也不再有華人恩客上門，是以門限森嚴。

最早打破此禁忌的是「鹹水妹」（蜑家女子），因她們常接送抵港洋人往返大船與岸上，日久則感覺洋人並非坊間傳說般紅鬚綠眼、惡死怪異。由於海上生活艱難，有些艇家妹為賺取金錢接待洋人，以當娼為業，才逐漸打破這不成文禁忌。

1932 年，英國及其所有屬地實施禁娼政策。當年 6 月 30 日，港督貝璐（Sir William Peel）下令，所有西洋娼妓停業。因華人娼妓眾多，故當局設三年寬限期：原先已領牌者仍可經營，但不再發新牌照。1935 年 6 月 30 日後，港府正式全面禁娼。禁娼後，一些大寨出身、有藝術造詣的妓女轉職於茶樓為女招待，或為女伶

演唱南音，取代原瞽師、瞽姬。但此後賣淫活動在香港並沒有完全絕跡。

販賣華工（童工）問題

華工（Chinese Workers），泛指清末前往海外工作的華人勞工（苦力），主要為來自廣東五邑及珠江三角洲一帶窮鄉僻壤的農民或漁民，被代理公司或中介公司拐、擄或詐騙（利誘）到海外從事體力工作謀生。其自願「賣身」者，或會先收到首期預定薪酬，但需從中扣除介紹費、交通費及佣金作為提供給代理或中介公司的報酬，然後前往海外（東南亞、美加、澳紐、南非等地），進行艱苦的勞動工作。此等人士被稱作「豬仔」，當中不少人於工作之地無法得到移民資格及公民權利，又未能返回中國，只得客死異鄉。當時清政府忙於處理太平天國叛亂，對人口管制無暇兼顧，更加不會開罪列強。這使得中國沿海地區如澳門及香港等地豬仔館林立。

此等華工之所以被稱作「豬仔」，有說是因華工於船上以木盆盛飯，且於進食時呼聲如豬；另說華工被販運時像豬一般被捆縛，人口販子強行把他們拽入船艙販運，可見其命運之悲慘。「豬仔」勞工分為兩種：其一為契約勞工，即訂約賣身到海外三年、五年或十年，進行艱苦的勞動工作；其二為賒單勞工，即出國船費由招工者預先墊付，欠帳者在國外須受僱主控制，直至還清欠款及利息。販運、交易「豬仔」的地方名為招公館（局）或華工

棧房，俗稱豬仔館，又稱巴拉坑（葡語 Barracoon），意為監牢式苦力宿舍。經營豬仔館者多為秘密幫會人士，他們勢力強大、消息靈通、佈置周密、誘騙工巧，並與各地豬仔館皆有串通勾結。

被拐騙擄掠的「豬仔」，首先被送到與海外豬仔館相勾結的內地客館。他們多被關在扣押奴隸的木柵內，待積累到足夠數量，便被轉送上大船運送出國。海上航程約需數月。其時，「豬仔」被囚禁於船艙，生活情況甚為惡劣。到達目的地後，被分配在莊園或礦山工作的華工多過着極為艱苦的非人生活，死亡率甚高。

在 19 世紀中葉之前，華人很少移居南非。及至鑽石礦與金礦被發現後，當地才吸引大批華人移入。根據南非法律，華人移民禁止在礦區採礦。他們只能經營生意，為當地居民和礦工提供一些服務。到了 19 世紀末，在約翰內斯堡地區，估計至少有三千名華人，經營着六間大規模的出入口商行及二百五十所雜貨店、洗衣店與蔬菜農場。

1899 年，南非爆發布爾戰爭（Boer War），華工便離開礦區，遷往較寧靜的伊莉莎白港及東倫敦等沿海市鎮。1902 年戰爭結束，英國獲勝，並取得非洲南部德蘭士瓦區（Transvaal）作殖民地。在戰火蹂躪下，採礦工作停頓，工人星散，使建立在金礦業基礎上的德蘭士瓦經濟備受摧殘。其時礦場主極力游說政府輸入華人契約勞工，以重振經濟。儘管該建議在英國國內外引起了廣泛的抗拒，但控制了德蘭士瓦的英國保守黨政府卻予以批准。由於當時華人工資低廉，加上華人多刻苦耐勞又易於管治，同時

招聘公司宣傳南方華工多身體建康又慣於離鄉外出打工，所以當年英資礦業公司都選擇從中國南方招聘大量勞工，安排到南非採礦。

1904 年，南非政府通過了勞工輸入法令。1904 年 5 月，特威代爾號（SS Tweeddale）駛離華南，搭載第一批契約勞工前往南非。接着在 1904 至 1910 年間，共有 34 次船運，將 63,695 名契約華工送往金礦地服役。其後，由於南非政府官員跟華南各省的中國官員發生糾紛，所以只有三次船運從華南出發。而其他 62,006 名華工（佔該時期華工總人數的 97.4%）則來自北方省份。勞工契約規定，華工服役期不得超過三年，但僱主有權延長兩年的合約。期滿以後，華工須回國去。

1904 年，德蘭士瓦從中國南方招攬華工，安排到南非擔任礦工。英商太古洋行以礦業商會勞工輸入局（The Chamber of Mines Labour Importation Agency）名義，由大班 Butterfield Swire 具名，向港英政府申請租用荔枝角濱海的三英畝土地，建造一所可容萬人的華工屯舍。碼頭旁山坡上舊深水埗關廠營房遺址，今饒宗頤文化館下區之地，即昔日華工屯舍所在處。在其附近，清末停泊海關船隻的碼頭，則供運送勞工出洋用。屯舍由草房棚屋組成，甚為簡陋。是年 3 月，太古洋行首先到廣東嘉應州及廣西梧州四鄉張貼招募華工告示，通過華人工頭先後招募華工兩批，共 1,741 人，集中到九龍荔枝角上船出港。及至 20 世紀初，華南勞工大多在海外落地生根，其中部分時與當地人士發生摩擦。故此後外商

亦開始招聘來自華中及華北地區的勞工，其省籍主要為河北、山東和河南等地。

至 1905 年，德蘭士瓦區華工由於礦井勞動艱辛、管工粗暴虐待及工資微薄，因而多有反抗鬧事、罷工及逃亡，又有部分因於公餘時私營副業，觸犯該地法規。嚴重的罷工事件破壞了礦區及附近地區的治安，甚至牽動整個殖民地的政治局勢，該地政府遂禁止華工前往工作。與此同時，華工招募重心漸向北轉移，原定在華招工合同被迫於 1906 年底終止，營運兩年的荔枝角屯舍遂被關閉空置。1906 至 1907 年間，屯舍的草房棚屋日漸荒廢。至 20 世紀初，世界各地禁止華工（童工）販賣，該問題終告解決。

保良公局的創設

19 世紀末的香港，誘拐婦孺、逼良為娼、販賣人口的事情經常發生。1878 年 11 月 8 日，東莞縣僑商盧賡揚、馮普熙、施笙階、謝達盛等聯名上書時任港督軒尼詩爵士（Sir John Pope Hennessy），請准設立保良公局。1880 年 5 月，該倡議獲港督批准。1882 年 8 月，英國理藩院通過《保良局條例》，並刊於憲報。為紀念創局之艱辛，11 月 8 日遂被定為保良局創局紀念日。保良局的「保良」二字，是指保赤安良。其初期工作為防止誘拐、保護無依婦孺，並協助華民政務司調解家庭與婚姻糾紛。

保良局的初期創辦者多為東華醫院總理。公局籌組初期，經

費不足，又無固定局址，幸獲東華醫院紳商大力襄助，借得該院之「平安」、「福壽」兩樓上層，作辦公及收容婦孺之所。所以早期有東保一家之說。後因收容人數漸增，上環普仁街原址不敷應用，保良局遂於 1932 年遷往銅鑼灣禮頓道 66 號現址。隨着香港社會轉變，保良局現已成為一龐大的社會服務機構，提供優質多元服務。

保良局

1894 年以後三十年

巨變中的香港

香港位粵東南面濱海，自古為峯傜等土著居停之所，居民以漁、樵、農、獵為業。唐宋間，中原多故，北人相繼南遷定居，以本地山水優美，土地肥沃，遂發展煮鹽及種香等產業。英人東來之前，港島已有村落十數，新界地區村落更多至三百餘。惟人多以為英人來港時，香港只是一小漁村。

香港從古至今都是中國的一部分，在社會文化及居民生活習慣上，皆與中國其他地區一脈相承。但在 19 世紀中葉，國家積弱，致內憂外患相繼發生，使香港地區經歷一百五十多年被英國管治的歲月。經此時期，香港從漁農地域，發展為經濟及金融中心。

香港之英屬

清道光年間，鴉片大量流入中國。其時，囤積鴉片的躉船，多停泊伶仃島一帶水域，伺機走私偷入尖沙咀，再流入廣東沿海各地。[1] 當時，香港是中西接觸的地域。而鴉片大量走私進入中國，致大量白銀外流，促成中英兩國軍事上的衝突。

1839 年因英國海軍軍官醉酒毆斃林維喜事件，中英鴉片戰爭爆發。[2]1841 年 1 月 26 日，英軍於香港島西環水坑口登陸，宣佈佔領香港全島。[3] 翌年 8 月 29 日，中英簽訂《南京條約》，正式割讓香港島予英國。英廷於 1843 年 4 月 5 日宣佈香港島為英屬殖民地。[4]

1856 年，英國藉口在亞羅號事件中英旗受辱，遂派兵佔領九龍半島南端。其時，法國亦以法傳教士於廣西被殺為理由，出兵中國。[5]1860 年英法聯軍攻陷北京。時清廷因國內受太平天國之威脅，無力對外作戰，遂與英人簽訂《北京條約》，將九龍半島南端（今界限街以南），包括昂船洲在內地域，割讓予英國，併入香港界內。[6]

1894 年中日甲午之戰爆發，清軍戰敗。港督羅便臣（Sir Hercules Robinson）乘機向英廷建議，將香港界址展拓至大鵬灣。1898 年，中英簽訂《展拓香港界址專條》，清政府將沙頭角海至深圳灣最短距離直線以南的地域租借與英國，為期九十九年，當年 7 月 1 日實施。[7] 該租借地稱「新界」，泛指九龍半島北

部、深圳河以南之地,及鄰近之島嶼。[8] 時租界內有九龍寨城,中英同意其仍屬中國土地,不在租借範圍內。

人口增加

自港九地區英屬後,英人於九龍半島上廣設軍營[9],以作防衛,並於香港島北岸發展女皇城,亦稱維多利亞城[10],開築道路,建造房舍[11]。時因太平天國之亂,國內居民多避禍南遷,進入香港及九龍地域。太平天國失敗後,其餘眾亦有退居香港者。[12]

當時香港發展迅速,因社會安定,國內居民入遷日眾,致人口日增。據統計,1841 年香港地區有居民 7,450 人;1842 年居民共 23,000 人;1861 年共 119,321 人;1871 年共 124,198 人,1881 年共 160,402 人;1891 年共 221,141 人。這段時間香港人口年均增長率達 3%,平均每年增加 7,000 人。[13]

革命後勤基地

1890 年間,因清廷多次對外作戰失敗,有志之士遂起革命之念。時港島中環一帶已頗發達,人口眾多,社會及政治穩定。孫中山先生及其他革命黨員遂於該處建立反清革命運動基地。[14] 並於新界人跡較少的青山山腳處,設立農場及碉堡,用作革命黨員營地。[15] 各次起義行動失敗的革命黨員亦多潛居香港,伺機再作行動。[16] 如今,港島中西區已闢中山史蹟徑,將孫中山先生在港歷史遺蹟及革命事蹟中的一部分,串連成遊訪路線,供人遊覽憑弔。

1894年至1904年間的瘟疫

香港位廣東省東南濱海，屬亞熱帶氣候：夏天炎熱多雨，惟間中亦會遭遇乾旱，致食水不足；冬季則清涼少雨。每年夏天六月至八月為颱風季節，每有豪雨及強風，低地及農田常被洪水淹沒，農作物損失甚大。甚至有些簡陋房舍亦會被水沖毀，新界地區尤為嚴重。港島因地勢多山，常有山洪造成塌方落石，毀壞山坡房舍，或堆阻道路，阻礙交通，學校亦會因此停課。颱風、豪雨過後，港府清理災場，亦有慈善團體及有心人士協助殯葬死者，設立義塚。香港亦位地震區域之內，幸為禍不大。此外，香港地區間受疫癘侵襲，其中以 1894 年的鼠疫最為嚴重。

1894 年香港鼠疫盛行，至 1929 年始告平息，死亡人數達八萬餘。[17] 是次疫症最初起源於雲南，1894 年 1 月間蔓延至廣州。香港鄰接廣州，故亦受其影響。是年 5 月 10 日，本港宣佈為疫埠。其後僅 6 月 7 日一天，死者即達百餘人，居民倉惶離港避疫，市面蕭條慘淡。[18]

其時，香港衛生設備不足，疫害甚大，死人無數。當時，疫症為禍中環太平山區一帶甚烈，故政府收購九如坊、善慶里、芽菜巷及善輪里等處屋宇[19]，拆為平地，並把病人隔離，禁止居民離港，以免疫症傳播。死於疫症者，其遺體先泡透石灰，然後埋葬。此外，政府展開滅鼠運動，除以每隻港幣五仙之價向居民收購死鼠外，又於街上電燈桿上設置鼠箱，內貯消毒液劑，用以收集鼠屍。同時普遍施行「洗太平地」，清潔居所，以杜絕疫患。

1901 年 5 月 31 日，潔淨局會議決定於九龍設一辦事所，以管理薰洗屋宇防疫事務，並設防疫人員宿舍；又於灣仔、筲箕灣、鰂魚涌等嚴重疫患之處，設小輪一艘，牽引兩船，一載疫斃者，另一載患疫者，每日運至堅尼地城醫廠處置。同時，港府禁止患疫者離境，以免傳染他地，故華人染疫後皆不許離港。許多華人向僱主辭職歸鄉以避傳染，並聯稟政府，望准許華人染疫者歸鄉治療，但港府格於成例，不准居民離港。

　　其時，凡患疫者，皆由政府強制舁送醫院治療；患疫之家，予以薰洗；患疫而死者，其屍須以石灰腌藏，然後埋葬。華人患疫者，為避免上述諸事，多隱匿不報，自行在家醫理，死後則秘密棄屍街頭。政府乃多派人巡查，以防棄屍事件發生。惟當時市民對潔淨局監督薰洗屋宇之舉頗反感，認為過於騷擾，華人婦女尤感不便，故簽名聯稟政府，要求取消此舉。

　　是次疫患，至 1904 年才漸受控制，1929 年始告平息。疫患蔓延期間，本港居民中虔信仙佛鬼神者，以疫患為厲鬼作祟所致，乃相繼發起太平清醮，建醮求神、舞獅、舞火龍、延高僧設壇拜懺，超渡水陸幽魂。[20] 又抬奉神像遊街，綏靖街道，希望能藉此消災。[21] 亦有居民自外地迎神來港坐鎮，消災驅妖，以期災禍平息。民眾以此舉能消災解難，故此類風俗至今仍存。[22] 太平清醮至今仍有舉行，且有會景巡遊。當年中環太平山所拆村落地區，今已闢作卜公花園，且於門前立銅牌以紀其事。[23]

香港醫院的建置及發展

自後，香港衛生及醫療事務相繼發展。1883年，香港潔淨局成立，負責香港市區環境衛生事務，包括管理街市和屠宰場、清掃街道、清除垃圾、疏通坑渠、殯殮墳場、清理糞便、薰洗房屋、滅鼠除蝨等一切衛生工作。潔淨局由官員及委任的紳士名流擔任議員。1894年之後三十年間，香港建置醫院多所，醫療事務漸成體系。[24]

1911年以後香港社會演變

1911年辛亥革命後，中華民國成立，一批批滿清親貴及官民南下香港。[25] 其後經歷軍閥混戰，亦有大量內地人士南遷，隨之而來的財富，帶動香港經濟[26]及慈善事業[27]發展。

1925年省港大罷工，部分華工回轉國內。香港市面一度蕭條。翌年大罷工結束，工人多遷回，香港地區重趨繁榮，加以省港互賴，工業得以發展。[28]

結語

1894年之後三十年的香港，正處於人口增長及城市發展階段，雖遇天災巨變，惟得居民同心合力，最終能化險為夷，使其日後能成為一大都會。

建成於19世紀末的舊屏山警署

建成於20世紀初的高街原精神病醫院

【註釋】

1　《林則徐集》，〈奏稿九〉，欽差使專任內摺片第三百三十六，道光十九年正月二十九日之報告抵粵日期並體察洋面堵截蓋船情形摺。

2　有關中英鴉片戰爭的情況，詳見《清史列傳第十》，卷三十八，〈林則徐傳〉；又見拙著《香港歷史點滴》（香港：現代教育研究社有限公司，1992年），第四章，〈紀前事之四〉，〈尖沙咀與鴉片戰爭〉。

3　水坑口位今港島皇后大道中與皇后大道西交界，開埠前為一大水坑之入海口，漁民常在此沖洗身上泥濘，水坑口之名由此而起。1841年，英人於該處登陸，命名為佔領角。其後，此地不斷發展，大水坑被填塞，闢為馬路，初名波些臣街（Possession Street），後因舊地名改稱水坑口街，惟英文名稱未作改動。

4　詳見 1842 年《南京條約》。

5　詳見清夏燮《中西紀事》，卷十二，咸豐六年秋九月條。

6　詳見 1860 年《北京條約》。

7　詳見 1898 年《展拓香港界址專條》及《香港英新租界合同》。

8　新界，意即新租界址，初稱 New Territory，20 世紀初始改稱 New Territories。

9　1860 年九龍半島英屬後，英軍遂於現今九龍公園及槍會山上設置軍營，派兵駐守。其時兩處營地皆只有設備簡陋的帳幕，未有固定營房。1892年始於九龍公園處建設固定營房，並名為威菲路軍營。1902年始建槍會山軍營。前者於 1970 年拆除，改作公園，後者仍為軍營。詳見拙著《油尖旺區風物志》（香港：油尖旺區議會，1999 年），政府建築篇二，〈尖沙咀舊威菲路軍營及槍會山軍營〉。

10　即今港島中環（中區）之地。

11　自中環至上環間，建築大馬路，即今皇后大道中，而在山腰開築之荷理活道，則於 1844 年完成。

12　太平天國失敗後，餘眾退居香港，可考者有森王侯玉田。詳見清陳坤《粵東剿匪紀略》，卷五，頁 23。又據前新界政務署長許舒博士所告，舊政府案中，曾載有太平天國餘黨化名「四眼三腳虎」者，率眾隱居今九龍何文田村之地。惜原件未見。

13　H.J. Lethbridge, *The Hong Kong Guide 1893*, (Kelly and Walsh Ltd, Shanghai, 1893. Reprint OUP, 1983), pp. 40-41.

14　1892 年，楊衢雲與謝纘泰於中環結志街百子里 1 號，創立輔仁文社，聚友談論政事，並討論中國政革問題。1895 年，國父孫中山先生於中環士丹頓

街 13 號成立興中會，為推翻清廷之革命組織，並常與陳少白、尤烈及楊鶴齡等於歌賦街 8 號楊耀記一樓聚會，計劃革命。

15　1900 年，李紀堂於今青山白角處，闢一農場，名青山農場，接待興中會起事失敗之人員。1910 年，鄧蔭南於稔灣畔浪濯村，建一碉堡，作防守瞭望，並經營榨糖及舂米業務，以米糧糧食接濟籌備起義人員。

16　同盟會於上環居賢坊、普慶坊及跑馬地等地，設立革命黨員招待所，在國內各次起義行動失敗之革命黨員，多逃亡香港各招待所及青山農場藏身，伺機再作行動。

17　鼠疫細菌，多寄生於老鼠虱上。帶菌鼠虱一旦咬過一鼠後，該鼠瞬即死亡，細菌則留於死鼠遺體上，人若接觸死鼠，亦會染疫。鼠疫是一種傳播迅速的疫症，染上後即發熱昏迷，體上多結核，故又名核子瘟，短時間內即致死亡，死後渾身發黑，故又稱黑死病。每逢春夏之交，便爾發作。

18　詳見陳伯陶《東莞縣志》，卷三十一至卷三十六，〈前事略〉。

19　今港島中區九如坊及卜公花園與卜公球場一帶。

20　這種祈福、禳災、酬神及驅邪的太平清醮，以長洲一年一度者為最著名。據說在清中葉，島上屬疫為災，居民幸得玄天上帝之指示，延僧設壇，超渡水陸孤魂，並奉神像遊行，災禍始歇。為酬謝神恩，每年正月十六日，島上惠、潮居民，聯同上屆總理在島上玉虛宮內玄天上帝殿前杯卜，卜選當年總理，主持籌備太平清醮神鑾會景遊行事務，建醮地點為北社玉虛宮前空地。近年選定在農曆四月初八日啟壇超幽，燒衣施食，一連四天。醮會中例有會景大巡遊，包括醒獅及麒麟表演、神像遊行、鼓樂隊奏樂、彩旗及飄色巡遊等節目。目的為鎮壓邪妖、祛除病危。巡遊所經的街道，亦有商戶陳設香案果品於門前，迎神接福。舊時醮會期間，每天祭幽後，午夜例有水陸居民競搶包山之舉。但不幸在 1982 年時，包山棚架傾斜，發生意外。為安全計，從此改於醮會翌日行派包方法，分發善信。據俗例稱：得食包者，可卒歲平安焉。此活動歷年奉行不斷，至今已百餘年，二次大戰間亦未嘗中輟。

21　沙田一地，於瘟疫流行時，有恭奉「車公大元帥」神像者，降遊各鄉，為民除災。其後村民捐資擴建車公古廟，並成立九約，在神前許願，且訂十年一屆建醮，作為紀念，並酬謝神恩。醮場在車公廟前空地，醮期一連五日，並演劇酬神。此傳統風俗至今相沿不替。

22　其時，港人嘗迎綏靖伯陳仲真公靈位來港坐鎮，消災驅妖。其後於港島上環太平山街今 38 號地址建廟奉祀，該廟至今仍存。陳仲真公，傳為宋校尉，剿寇被害，後於新會屢顯靈異，土人為之立廟祀奉，許為鎮治癘疫之神。清道光年間，北京疾癘流行，時新會鄺吉祥先生為太子教習，獲御准恭迎公之靈位往京鎮疫，不數日而疫息。故香港大疫時，港人亦迎之來港鎮疫。

23　銅牌立於卜公花園正門外。

24　1894 年之後的三十年間，香港地區設立醫院可考者如下：
1894 Kennedy Town (Infectious Diseases) Hospital 堅尼地城傳染病醫院；
1894 Glass Works Hospital；1898 St. Paul's Hospital 聖保祿醫院（私家醫院）；
1902 Tung Wah Infectious Diseases (Smallpox) Hospital 東華傳染病醫；
1903 Victoria Maternity Hospital 維多利亞母嬰醫院；
1904 Alice Memorial Maternity Hospital 那打素產科紀念醫院；
1906 British Military (Bowen Road) Hospital 英軍（寶雲道）醫院；
1906 Ho Miu Ling Hospital 何妙齡醫院；
1907 Matilda Hospital 明德醫院（私家醫院）：1907 年開幕，為香港早期私家慈善醫院；1916 年產房建成；1975 年起創明德醫院抬轎比賽籌款，以後每年舉辦；1949 年改稱明德戰爭紀念醫院 Matilda & War Memorial Hospital，如今改稱明德國際醫院；1999 年為香港首間獲得標準國際品質 ISO 9002 證書之醫院；
1911 Kwong Wah Hospital 廣華醫院；
1919 Pok Oi Hospital 博愛醫院；
1922 Hong Kong Sanatorium and Hospital 養和醫院（私家醫院）：1922 年一群華人名醫成立公司，購入跑馬地愉園之地，建兩座醫舍；1927 年成立護士訓練班；1932 年建中央主座；1934 年訓練接生；1941 年香港淪陷，院方變賣用品維持運作；1945 年醫院重開；1956 年建李樹芬樓；1993 年建李樹培樓；
1922 Tsan Yuk Hospital 贊育醫院：1922 年 10 月 17 日開幕，目的為提供生產服務及訓練「接生婆」；由 1926 年起，該院亦為香港大學訓練生產護士，至 2001 年止；1952 年舊醫院不足應用，香港賽馬會遂贊助建築新院，1955 年落成；
1922 War Memorial Nursing Home 戰爭紀念護理院；
1925 Kowloon Hospital 九龍醫院：位九龍半島東北面小山上，1920 年倡建；1925 年 12 月 24 日落成開幕，原位亞皆老街，共兩座；1932 及 1935 年門診部兩座建成；淪陷期間為日軍佔用；1946 重修後再作醫院；1963 年，伊利沙伯醫院開幕，九龍醫院之重要遂失，故被關閉；至 1965 年才再應用至今；
1928 Victoria Mental Hospital 精神病醫院：1928 年成立，其後改稱精神病院 Lunatic Asylum，附於醫院道國家醫院，為國家醫院一部分；1938 年國家醫院鄰近之歐籍護士宿舍（位於高街）改作精神病院、護士辦事處及女性病房（C 座）；戰後，舊院已不足應用，1957 年於青山建新院；1961 年

3 月 27 日新院落成，其各醫院亦有精神病康復單位；青山醫院於 1996 年擴張完成；

1929 Canossa Hospital (Caritas) 嘉諾撒醫院（私家醫院）；

1929 Tung Wah Eastern Hospital 東華東醫院

25　南遷香港的前清遺老及親貴著者有：陳伯陶、吳道鎔、張學華、張其淦、汪兆鏞、丁仁長、伍銓萃、賴際熙等。

26　其中著者有沈鴻英、李福林等。沈鴻英於今元朗沙埔開村名逢吉鄉；李福林於今大埔林村闢創康樂園。華商於香港成立事業，其中著者有馬應彪創立的先施公司。

27　清末呂祖信仰普及，民國成立後，信眾隨滿清親貴及官民避居香港，成立道堂，亦創辦慈善事業。其著者有澳門鏡湖醫院（1871）、保良局（1879）、九龍樂善堂（1880）、嗇色園（1924）、及大埔省躬草堂（1934）等。

28　詳見蔡洛、盧權《省港大罷工》（廣州：廣東人民出版社，1980 年）；余繩武、劉蜀永主編《二十世紀的香港》，第六章，〈省港大罷工〉（香港：麒麟書業有限公司，1995 年）。

馬灣洲與九龍海關
汲水門關廠興衰

馬灣洲古名急水門，位香港維多利亞港西面入口處、大嶼山與青衣島之間，面積 0.96 平方公里，掌握本港西部重要交通門戶急水門（現稱汲水門）。該島又稱「銅錢洲」，據說是因小島的形狀略似舊日的穿孔銅錢而得名。又因該處水道水流湍急，故稱急水門，但由於這個名稱被認為不吉利，所以取其諧音，改為汲水門。

汲水門

馬灣位汲水門上，故亦被稱為汲水門（島）。

馬灣名稱之由來，一說是因島上西部有海角名馬角咀，與另一小島燈籠洲之山脈海灣合看形似一匹駿馬，故當地居民稱此島為「馬灣」；另一說是該島上有天后古廟之故。鄉人稱天后為「娘媽」，粵人讀作「娘馬」，稱天后古廟為「娘媽廟」，稱廟前之海灣為「馬灣」，為表示對「娘馬」的尊敬，實含藉神庇護之意。是故海灣名馬灣，島名馬灣洲，島上村落名馬灣村，海角名馬角咀，均本此意。

該島東北角有重大考古遺址，考古學家曾於此處發現大量新石器時代文物及先民墓葬群。該遺址被評為 1997 年中國十大考古新發現之一。[1] 明代馬灣洲有民眾居停[2]，至萬曆年間（1573-1619）更有官船巡哨[3]。清初遷海，居民遷至內地，復界後再遷回。[4] 其後，清廷於島上設汲水門汛，派兵十員駐守，屬大鵬協水師右營東涌守備轄管。[5] 清末又曾於島上設置稅關關廠，徵收釐稅。[6]

島上有馬灣市，市內的馬灣大街是島上最大型市集。島上主要村落有田寮村、馬灣漁民新村、美經援村、柳花村、北灣及東灣等[7]，村民多陳、鄧二姓[8]。島民舊時主要以耕作、捕魚和曬製蝦膏[9]維生。島上有兩座天后古廟，一在北灣，另一在西灣馬角咀畔。[10] 現馬角咀馬灣鄉事委員會處，舊有九龍關汲水門稅廠。該廠原為青磚建築，今已廢圮無存，只餘「九龍關」及「九龍關借地七英尺」二碑，豎立馬灣鄉事委員會旁。

北灣天后古廟

西灣天后古廟

九龍關的創設

清初，香港及其鄰近地域原屬粵海關監督管轄，下設常關關廠及釐金局站卡，徵收稅釐，並負邊境巡邏及防止鴉片走私等職責。[11] 其時常關關廠凡四，分設汲水門、九龍城、佛頭洲及長洲四處。惜當時清廷腐敗，致鴉片走私活動甚為猖獗，至清中葉情況更為嚴重。

1885 年，據中英兩國《煙臺條約續增專條》所訂，運入中國之鴉片，每箱徵收稅釐一百一十兩。1886 年，中英「管理香港洋藥事宜章程」更規定總稅務司海關可在九龍中國境內，另設海關（俗稱「洋關」），接管汲水門、九龍城、佛頭洲及長洲四關廠，並所屬各釐金局站卡。[12] 1887 年，英人馬根（M. T. Morgan）首任九龍關稅務司。總關設於香港維多利亞城皇后大道中 16-18 號銀行大廈二樓[13]。

九龍關的發展

自九龍關建立後，摩根立即改組原有關廠及釐金局站卡：汲水門關廠下設荃灣、朱谷灣、深水埗分廠；九龍城關廠下設沙田分廠；佛頭洲及長洲關廠如舊。[14]

1890 年，英人柏卓安（Sir John McLeavy Brown）繼任九龍關稅務司[15]，為制止邊境鴉片走私活動，遂增加建造新關廠及邊境柵籬，中開通道供商旅出入。1891 年，汲水門、九龍城及佛頭洲新關廠及邊境柵欄建成啟用。[16]

九龍關的汲水門税廠

清初，有司於今馬灣洲上設汲水門税廠，徵收税釐，並負巡邏、防止走私等職責，惟具體創設年代今已難考。道光年間，該廠隸屬粵海關監督管轄。至1887年，九龍關設立，該廠遂改隸九龍關轄管。該關廠最初建築只是草棚，甚為簡陋。[17]

1897年，新關廠落成啟用。建成時，關廠四角立有碑石，標明四至；碑石中央直書「九龍關」三字，其旁小字直書「光緒二十三年七月吉日」。該關廠原位馬灣鄉事委員會會址，其圍牆為青磚建築，圍內原有汛房，於建築鄉事委員會時被拆卸。

1898年，新界及離島租借與英政府。1899年10月，汲水門關廠關閉，新廠遷設大鏟及伶仃兩地。[18]大鏟税廠，位南頭城東南部海上之大鏟島上。[19]關廠遺址今已難考，惟其界石乙幅已被發現。界石中央大字直書「九龍新關大鏟廠界」，左旁小字直書「光緒二十五年九月」，右旁小字直書「本關税務司立」。又內伶仃島上發現石碑一幅，頂部橫書「九龍」，中央直書「新關地界」，兩旁字跡剝落不清，疑為伶仃關廠之界石。二碑現存深圳市博物館內。

「九龍關」碑石

今馬灣鄉事委員會旁，有二紀念碑石：即「九龍關」及「九龍關借地七英尺」二碑。據鄉民傳說，「九龍關」碑石本共四塊，立於前汲水門關廠四角，以作標認。碑上陰刻「九龍關」三大字，

其旁小字「光緒二十三年七月吉日」，可證為當年汲水門新關廠落成時所立。據云：除今所見立於馬灣鄉事委員會旁者外，另有一疑存於舊田寮村內，惜無法尋獲。至於其他兩碑，其下落已難得悉。

「九龍關借地七英尺」碑石

「九龍關」碑石旁，有「九龍關借地七英尺」碑，其旁小字亦書「光緒二十三年七月吉日」。據云：該關廠建造之初，本擬築一小路，直通後山北灣，方便與對岸屯門灣畔之青龍頭汛及青衣潭汛聯繫，以徵收過往船貨稅釐及巡邏緝私；惟該小路於繞經田寮村時，需佔用民地，因致鄉民反對。後經調解，鄉民允借地開

「九龍關」及「九龍關借地七英尺」二碑

路、建關，惟路寬只限七英尺，且不得過於迂迴彎曲。海關則當
涊石，標明四至。至於供地以「英尺」計算，實因其時汲水門稅
廠隸屬九龍關，且九龍關則隸粵海關。光緒二十三年（1897）間，
總稅務司及九龍關稅務司皆英人，其屬下關員及緝私人員亦有英
人或外籍人士（八人）。是故與鄉人借地時以英尺計算，實亦合理。

結語

　　1997 年，跨越汲水門之汲水門大橋落成。2002 年，位於東
灣附近之珀麗灣私人屋苑落成。2007 年，馬灣公園第一期正式開
幕。2009 年，挪亞方舟博覽館及挪亞方舟酒店落成啟用。九龍關
汲水門關廠不復存在，惟上述兩碑仍存，供遊人憑弔。

【註釋】

1　詳見香港民政事務局古物古蹟辦事處編製《馬灣東灣仔北考古收獲：
　　一九九七年中國十大考古新發現之一》（Archaeological discoveries
　　from Tung Wan Tsai North, Ma Wan: one of the mosimportimt new
　　archaeological discoveries in China 1997, 香港：民政事務局古物古蹟辦事
　　處，1998 年）。
2　明郭棐《粵大記》，卷三十二，〈政事類〉，〈海防〉中廣東沿海圖有小島名
　　急水門，可証其時該處已有人居住。
3　清靳文謨《新安縣志》，卷八，〈兵刑志〉南頭寨之寨船條。
4　詳見拙著《香港新界家族發展》（香港：顯朝書室，1991 年），〈香港及深
　　圳地區家族之遷入〉，頁 7-15。

5　清史澄《廣州府志》，卷七十三，〈經政略四〉，〈兵防〉，新安條。

6　拙著《清代香港之海防與古壘》（香港：顯朝書室，1982 年），〈九龍關〉。

7　Zone 30, *A Gazetteer of Place Names in Hong Kong, Kowloon and the New Territories*, 2000 Hong Kong Map.

8　島上陳氏與荃灣三棟屋陳氏同宗，詳見馬灣田寮村《陳氏族譜》。

9　蝦膏是膏狀食材，其成份是小蝦（銀蝦）及鹽巴，做法簡單，是用小蝦漬以鹽巴，曝曬發酵，磨成黏稠狀，再做成膏狀或片狀，是本港居民常用的調味料。

10　北灣天后古廟規模不大，傳為清嘉慶年間名海盜張保仔的軍師繆蓮仙所建。西灣天后古廟規模較大，創建年代無考，廟內有 1961 年重修碑記，中載該廟曾於清咸豐十年（1860）及光緒七年（1881）重修，可証該廟建於 1860 年之前。廟內有三座鐵香爐：左首者鑄造於光緒十三年（1887），中間者鑄於「戊申」年，右首者鑄造於光緒十年（1884），門旁牆角有「萬家爐」鑄造鐵鐘一口。

11　九龍海關編志辦公室編《九龍海關志 1887-1990》，頁 15。

12　九龍海關編志辦公室編《九龍海關志 1887-1990》，頁 15。

13　九龍海關編志辦公室編《九龍海關百年大事記 1887-1986(修改稿)》，頁 5。

14　九龍海關編志辦公室編《九龍海關百年大事記 1887-1986(修改稿)》，頁 6。

15　九龍海關編志辦公室編《九龍海關百年大事記 1887-1986(修改稿)》，頁 7。

16　九龍海關編志辦公室編《九龍海關百年大事記 1887-1986(修改稿)》，頁 8。

17　九龍海關編志辦公室編《九龍海關百年大事記 1887-1986(修改稿)》，頁 9。

18　九龍海關編志辦公室編《九龍海關志 1887-1990》，頁 24；九龍海關編志辦公室編《九龍海關百年大事記 1887-1986（修改稿）》，頁 14-15。

19　九龍海關編志辦公室編《九龍海關百年大事記 1887-1986（修改稿）》，頁 29-30。

　　深水埗區包括深水埗、長沙灣、荔枝角、美孚新邨、蘇屋、
石硤尾、又一村及昂船洲南部，其西北面以呈祥道及荔景山道為
界。考古發現證實，早在新石器時代，長沙灣附近已有人居住。
而 1955 年李鄭屋村東漢古墓的發現，更為區內古代史研究提供了
大量珍貴文物。據新安縣志記載，清嘉慶間（1796-1820），九龍
半島深水埗地區已有深水莆、長沙灣等村落。

　　長沙灣及蝴蝶谷以西、葵涌以東海濱，有一突出海角，名為
荔枝角。該地原名為「荔仔腳」，故老傳云：該處海灘常有小孩嬉
戲，沙灘上留有腳印，漁民慣稱最細小孩曰荔仔，又間有人於海
灘上呼喚其子；或云該海角形如小孩，故稱「荔仔腳」，後轉音為
荔枝角。又有一說謂因該處突出之海角形如荔枝而名。

　　該海角鄰近青山道與呈祥道等幹道、離美孚鬧市不遠的山麓

之上，清代曾設有深水埗汛及稅廠（即九龍關深水埗關廠）。

早在清康熙二十四年（1685），清廷設置江、浙、閩、粵四海關，以師船巡邏沿海邊境，嚴防走私並徵收關稅。其後清廷實行一口通商政策，只保留廣州一處作為通商口岸。

道光二十二年（1842）清廷割讓香港島予英國，同時開放包括廣州在內的五個通商港口。為了阻止不法商人以香港為基地走私鴉片，清廷在香港境外設立緝私和徵稅關卡，由兩廣總督、釐金局和粵海關監督（稱總稅務司）管轄，首任粵海關總稅務司為英人赫德（Sir Robert Hart）。其時，進出香港的船舶，仍受清廷粵海關查驗，此舉有違香港開埠時作為自由港的原則，在港英商多表反對。[1]

咸豐八年（1858），《天津條約》簽訂，其附約列明鴉片改稱洋藥，可自由買賣。但位香港鴉片貿易的爭議仍未平息。至光緒十二年（1886），清廷與英國簽訂《管理香港洋藥事宜章程》（亦稱《香港鴉片協定》），批准鴉片可在繳交稅款後運入香港，或從香港轉運往其他地區，清廷亦不再對往來香港的船隻進行搜查。[2]

次年 4 月，粵海關在香港設立分關，名「九龍關」（俗稱洋關），負責在香港範圍內徵收鴉片稅釐和查緝走私。首任九龍關稅務司為英國人馬根。馬根上任後，隨即接管粵海關位於汲水門、九龍城、佛頭洲及長洲各關廠；至此香港境內之關稅徵收與緝私工作，包括鴉片稅收，均統一由九龍關負責。總關設於

香港島維多利亞城皇后大道中 16-18 號銀行大廈二樓。僱員共三百二十八人，其中洋員十三人，華員三百一十五人。[3]

1887 年底，九龍關屬下汲水門、九龍城、佛頭洲及長洲各關廠及原釐金局之站卡改組：汲水門關廠附設荃灣、朱谷灣、深水埗三分廠；九龍城關廠附設沙田分廠；同時建立緝私艦艇及巡邏船隊：有「關雷」、「關芬」、「廣洪」、「飛鴿」、「釐金」、「開辦」、「長建」七艘小型船艇，及軍火船、蔓船各一艘；全關人員四百七十四人，其中洋員三十四人。[4] 深水埗分廠初設立時，該處同時設置鴉片蔓船。蔓船初設於昂船洲北面海上，後遷至深水埗海面。

1890 年 4 月，柏卓安（Sir John McLeavy Brown）繼任九龍關稅務司，負責按月將常關關稅、釐金及經費支票，親送廣州兩廣總督及粵海關監督。有關公務要事，則需與政府官員直接商談。是年，為制止陸上邊境之鴉片走私活動，陸上關勇從原有二十四人增至一百五十四人，另加配洋員六人。同時，汲水門關廠新建海關碼頭竣工，投入使用。[5]

1891 年，汲水門、九龍城、佛頭洲關廠遷新址辦公。同時，位陸上邊境之柵籬建成。柵籬高 8 英尺，長 2.5 英里，中開六孔道，供商旅出入，海關派關勇日夜巡邏。又在深水埗邊境地區購入土地，以備興建深水埗關廠。[6]

1893 年 7 月，好博遜（H. E. Hobson）繼任九龍關稅務司，並在邊境荔枝角地區，購入土地，建造九龍城辦公樓房及宿舍。[7]

1895 年 6 月，九龍關稅務司好博遜卸任，義理遜（H. M. Hillier）任代理九龍關稅務司。9 月，深水埗新關廠建成啟用。該關之任務，初為監視海上船隻活動，其後改為鴉片驗證、及辦理小額物品徵稅，其濱海碼頭為海關船隻停泊之所。[8]

1896 年 4 月，義理遜升任九龍關稅務司。是年 7 月，颱風襲港，陸上邊境的柵籬全被吹倒，巡緝哨所的多處草棚亦被吹翻。[9]

光緒二十四年（1898）清廷與英國簽訂《展拓香港界址專條》，將九龍半島界限街以北至深圳河以南地區及離島租借與英國。1899 年 4 月，深水埗關廠關閉，惟仍保留鴉片驗證工作。1899 年 10 月，汲水門、長洲、佛頭洲三關廠後徹至大鏟島及伶仃島等

1898年位於界限街中英邊界的哨站

地，分別成立大鏟島支關及伶仃支關。深水埗關廠營房遂被關閉拆除，只餘濱海處停泊海關船隻的碼頭。深水埗關廠的鴉片躉船仍留香港境內。[10]1912年，其業務並入九龍車站支關。1917年4月，深水埗關廠撤銷。當時，其工作為驗證自香港運往內地的鴉片，並徵收鴉片稅釐。[11]

如今，饒宗頤文化館坐落在荔枝角山崗上，現址東面的山坡上曾發現一塊刻有「九龍關界地」的石碑，經考證該處曾經是清朝粵海關轄下九龍關深水埗關廠之所在。該石碑現仍於原地豎立，可供憑弔。

【註釋】

1   九龍海關編志辦公室編《九龍海關志 1887-1990》，頁 15。
2   九龍海關編志辦公室編《九龍海關志 1887-1990》，頁 15。
3   九龍海關編志辦公室編《九龍海關百年大事記 1887-1986(修改稿)》，頁 5。
4   九龍海關編志辦公室編《九龍海關百年大事記 1887-1986(修改稿)》，頁 6。
5   九龍海關編志辦公室編《九龍海關百年大事記 1887-1986(修改稿)》，頁 7。
6   九龍海關編志辦公室編《九龍海關百年大事記 1887-1986(修改稿)》，頁 8。
7   九龍海關編志辦公室編《九龍海關百年大事記 1887-1986(修改稿)》，頁 9。
8   九龍海關編志辦公室編《九龍海關百年大事記 1887-1986（修改稿）》，頁 10-11。
9   九龍海關編志辦公室編《九龍海關百年大事記 1887-1986（修改稿）》，頁 11。
10   九龍海關編志辦公室編《九龍海關志 1887-1990》，頁 24；九龍海關編志辦公室編《九龍海關百年大事記 1887-1986（修改稿）》，頁 14-15。
11   九龍海關編志辦公室編《九龍海關百年大事記 1887-1986（修改稿）》，頁 29-30。

　　荃灣位於九龍半島之西、新界南岸海濱，古稱淺灣，早在漢代已有人居住。荃灣柴灣角街等地曾發掘到漢代文物。其名屢見於宋明清地圖及文獻，據說得名於此地海灣水淺，退潮時船隻常於該海灣擱淺。趙宋時已為一聚落。南宋末，帝昰、帝昺南遷時，曾於景炎二年（1277）九月抵淺灣。是年十一月，元將劉深敗宋將張世傑於此地，宋室遂西走秀山（即今虎門）。明末清初，此地改名荃（全）灣。

　　清初遷海，區內居民遂徙居內陸；復界後始漸遷回。自後，該區人口日增，下表顯示區內各主要姓氏之分佈情況及復界後入遷年期：

姓氏	分佈村落	遷入年代
鄧	石圍角、曹公潭	康熙年間
鄭	城門圍	康熙年間
張	老圍、海壩、二坡圳	康熙、雍正年間
楊	楊屋、河背、油金頭	乾隆初年
陳	老屋場	乾隆二十二年
	三棟屋	乾隆五十一年
鍾	海壩	道光年間
溫	柴灣角半山村	清中葉
劉	和宜合	清中葉
曾	川龍、汀九、老圍	清中葉
傅	青快塘、深井、海壩、關門口	清末葉
孫	新村	清末葉
刁	新村	清末葉

　　舊日因海盜為患，此地也曾稱作「賊灣」。直到二次大戰前，荃灣地區人口稀少。區內醫療設備不足，其時只有一名接生員駐守。村民生病時只飲清明茶做藥。清明茶亦稱鹽茶，即於清明日採摘草藥，搗爛後用鹽醃製，沖水服用。

　　二次大戰結束時，荃灣人口依然稀少。因大帽山山坑遍生有毒的馬錢草，致流下水源不可飲用，加上瘧蚊為患，令居民易腹瀉發冷、身體不適。1940 年代末期，國內政局變革，大量難民湧

入。1950 年代初期，荃灣漸成香港紡織業中心，後更帶動輕工業發展。1961 年，港府刊憲宣佈荃灣為新界第一個衛星城市，其範圍遠至青衣、葵涌。

仁濟醫院董事局之成立與仁濟醫院的創建

1950 年代末期，區內除一所「荃灣商會坊眾診療所」外，並無其他醫療設施。居民生病需往九龍等地求醫，交通不便。1959 年 6 月 15 日，荃灣商會理事長葉德範聯絡地區商紳周卓明、周坤成、許添、邱子田、何傳耀等，籌備興建地區醫院。

1962 年初，荃灣商會成立『興建「仁濟醫院」籌備委員會』。是年 8 月 25 日，發起人葉德範不幸辭世。荃灣商會推選邱德根繼任商會理事長，成立「仁濟醫院董事局」，並繼續領導籌建仁濟醫院的工作。籌建工作獲荃灣鄉事委員會協助。1967 年，仁濟醫院董事局正式運作，由邱德根擔任主席，正式向政府申請興建仁濟醫院。

1973 年 10 月 24 日，醫院落成開幕。其名「仁濟醫院」，義取「仁者存心，疴瘵在抱；濟世利眾，保健為先」。醫院是一所提供急症、康復、復康、療養服務的全科醫院，位於香港新界荃灣仁濟街 7-11 號。

仁濟醫院的發展

隨着區內人口激增，醫院進行了一系列擴建：A 座高二十三

層，於 1989 年啟用，為「仁濟醫院周卓明護士學校大樓」；B 座高十九層，1994 年啟用，為主要服務大樓，設有急症室、手術室、化驗室、綜合檢查中心及各種專職醫療服務；C 座高十層，2015年啟用，為行政大樓；綜合服務大樓於 1998-2000 年間建成，高十三層，地下到八樓設有護養安老院及幼兒中心等福利設施，其上為延續醫療中心。

該院設有病人資源中心，為病人及家屬提供輔導服務，且設有牙科診所（1989）、中醫診所（1998）及眼科診所（2005）。其後又開辦「仁濟醫院中醫門診暨科研中心」（2003）及以腫瘤科為主、針灸科為輔之「仁濟醫院暨香港浸會大學中醫診所及臨床教研中心」（2007）。

仁濟醫院提供安老服務，下設護理安老院及老人宿舍（1982），又設有緊急援助基金（1992），用以援助意外身亡無依人士遺屬。後於 1995 年開設殘障人士職業培訓工場。2013 年該院開辦思親公園，內設有道教骨灰龕堂，提供靈灰安置服務。

此外，醫院亦大力發展教育，創辦學校：1978 年創辦董伯英幼稚園幼兒中心；1982 年創辦仁濟醫院林百欣中學；1985 創辦仁濟醫院何式南小學；2000 年仁濟醫院建成護幼中心暨宿舍。

如今，該院已由一所地區診症醫療醫院，發展為一間社會慈善機構。

正一派天師道

公元 2 世紀，天師張道陵在四川創立天師道。南北朝時道教廣泛傳播，唐代發展迅速。五代時，天師家族在江西龍虎山定居，成為江南地區道教領袖。元成宗大德八年（1304），敕封張道陵三十八代孫張與材為正一教主，主領閣皂山、龍虎山、茅山（合稱三山）符籙，天師道自始改稱正一道。自後，正一道與全真教成為中國道教後期兩大道派。明初授四十二代天師張正常正二品官位，掌理全國道教事務。清代乾隆間天師世襲官階降至五品。乾隆四年（1739）後，政府取消龍虎山天師府為各地正一道士授籙傳承及發給度牒執照的權力，正一派道士只擔當社會宗教活動專家的角色。

廣東的正一派道侶

廣東正一派道侶又稱火居道士，俗稱喃嘸先生（喃嘸佬），為民眾打齋、打醮。喃嘸之名流行於廣州、番禺、順德、東莞、三水、南海、肇慶等說廣府話的地區。其人居住於俗家，無宮觀道士證明身份的道牒，平日穿俗裝，不簪冠，不易服，不束髮。道侶多自創以自己姓氏為名的私人道館營業，承接功德法事，所得功資用於養家及維持自家道館，不納入宮觀。

清代至 1940 年間，眾多私人道館在廣東地區營業，多為人祈福，代民眾解決生老病死及生活中的大小問題。道館兼營紙紮製作及功德法事，惟營業字號多取別名。自 1927 年開始，國民政府積極剷除中國傳統民間信仰活動及組織，並於 1928 年破除宗教迷信，查禁道館。1937 年，廣州市道館相繼被迫卒業。

1937 年底，日軍入侵，廣州正一道士多避居港九、新界及長洲、大澳等地，經營喃嘸道館。1946 年，中華道教僑港道侶同濟會成立，屬正一派道士組織。時代改變，喃嘸佬多在殯儀館喪葬齋儀出現。

香港的正一派火居道士

1870 年代，香港已有喃嘸道館（馮道館）。1870-1920 年間，在漁民聚居地區有喃嘸道館十六間，專為漁民服務。新界原居民中的喃嘸佬（鄉村及圍頭喃嘸）遊走鄉間，為圍頭鄉村提供道教儀式服務。功德法事分紅白二事：紅事為吉事儀式及太平清醮；

白事主要為喪事殯儀。早期道館多承辦紅事，亦有道侶開設私人道院承辦喪葬業務或開設長生店（棺材舖）。該行業中，父子相傳者，稱蔭生；師徒相傳者，稱終生。

先天道

先天道為清初順治年間出現於江西一帶的民間教派。創教人黃德輝，認達摩為初祖，認白玉蟾（道教金丹南宗）為白馬七祖，而自稱九祖。初在江西、四川活動，道光初向全國傳播。咸豐十年（1860）由湖北傳入廣東。清末分多個支派，如傳統先天道、一貫道、同善社等。

先天道主張三教合一，行儒者禮，持釋家戒，奉老子道，修先天道。信徒大都長期茹素，奉行非婚傳統，重視內丹修練及行善積德，崇奉觀音、呂祖、三教神祇及雲城七聖（玄天上帝、文昌帝君、關帝、呂祖、觀音、黃龍真人及主壇真人）。其教義以金丹道（全真教）為內涵，以明清新興的無生老母信仰及龍華三會信仰為外表。

1950 年代，國內禁止先天道活動，以之為反動會道門。在臺灣，先天道在日治時期加入佛教聯合組織。其教眾在香港則加入道教組織，館舍被認為是道教道堂。

香港的先天道

香港先天道以清遠藏霞洞為中心，早期信徒多為商人及醫

生，來香港謀生的同時將信仰傳入。始於光緒初年（1880年前後），1886年創小霞仙院。20世紀初，個人清修堂所成立，稱洞（如極樂洞、桃源洞等），亦稱園、精舍或仙院。清末民初，亦有立志不嫁的「自梳女」捐資予先天道齋堂，以求於堂內養老。此類齋堂也被稱為姑婆屋。因信徒茹素修練，先天道又被社會大眾稱為齋教。

先天道的道堂組織確立於1950年代前後。1949年先天道香港總會成立；1953年圓玄學院成立；1967年香港道教聯合會成立。

先天道私人道堂設乩壇，舉行扶乩及講經活動。乩壇內供奉無生老母畫像，以扶乩禱聖延請聖賢仙佛轉世，開度眾生。1970年後，道堂中亦設祖先靈龕。

附：道教科儀

道教科儀分為職業正一派火居道士（喃嘸佬）主持的道教齋醮科儀，及由經懺學習科儀的道堂入道弟子入壇主持的法事科儀。起初只能由喃嘸先生主持儀式，1970年代始有道堂參與。科儀包括陽事科儀如治病、向神靈懺罪或祈福謝恩；陰事科儀如打齋（度亡功德法事）、超度先人或祈福；日常祈福科儀如讚星、禮斗、供諸天以及造功德、拔薦度亡、普渡超幽等。

大型道教法事科儀，主要有：

· 清明思親法會：為祖先祈求解脫；

‧中元法會：農曆七月十五，為先靈亡魂解冤拔罪，為善信謝愆消災；

‧下元解厄法會：農曆十月十五，為信眾除罪解厄；

‧太平清醮：祈求達成保境安民，消災解難；

‧突發事件之消災法會：每遇天災人禍時，道堂會組織消災祈福法會，誦經禮懺，為市民祈福消災；

‧大型祈福法會：如 1997 年 7 月 16 至 22 日香港回歸祖國祈福大法會、2007 年羅天大醮等。

「齋」，有懺悔、贖罪及祈福功能，為立德之根本、尋真之門戶。潔淨齋戒，不純指素食，更有禮儀程序配合。「心齋」即潔心寡慾，祭祀前先沐浴更衣，不喝酒，不吃葷。「醮」則是古代對神靈祭祀及禱告的禮儀，是人與神靈的溝通程序，是重要敬神儀式。其目的為祈求風調雨順，國泰民安，祈福消災。因此設醮被視為大事，須有相應名目，包括清醮及幽醮（如瘟疫醮）等，不能用肉食奉神。

「齋」、「醮」二字到唐宋後始合稱。其中規模最大的有位高權重如帝王才能舉辦的普天大醮，此外還有具備濟生度死功能、全方位為生者死者禱告的羅天大醮。

雲泉仙館

蓬瀛仙館

盤王古廟

青松觀

香港儒道商人的善行與神明傳入

　　香港本地居民，起初只供奉民間信仰中的神明，明代始有道觀及道教祭祀，惟道教崇祀與民間信仰常有重疊。最早帶引道教儀式到香港者，為正一派喃嘸道士。新界鄉村及圍頭喃嘸遊走鄉間，為圍頭鄉村提供道教儀式服務。功德法事分紅白二事。紅事為吉事儀式及太平清醮；白事主要為殯儀館喪儀。亦有開發私人道院、承辦喪葬業務及開設長生店（棺材舖）者。

　　道教在香港之發展可分期如下：

　　前期：1890 年前，注重應時疫、行祈福齋醮；

　　初期：1890 年至戰前，亦重應時疫、博施濟眾、贈醫送藥；

　　中期：日佔期間（1941-1945）注重普濟眾生、贈醫施藥、殮葬屍骨；

　　近期：戰後至今，注重本地救濟、行善。

明清以前香港民間的俗神崇拜

北宋末年，中原多故，中土人士相繼南遷，定居香港北部，即如今的新界地區。其時因受道教神仙信仰影響，南來的正一派喃嘸道士帶來俗神崇拜，目的是借助神仙之力，駕馭自然及人事，以求擺脫苦困、生活平安、科第如意。有的人欲借助方術修成神仙；亦有人從故土帶來原先供奉的神靈，對同血緣者起自重、團結及互相約束之效。俗神中至今香火鼎盛者有天后、洪聖、文昌、關帝、城隍、土地、社稷、北帝等。此外，因香港地區多風土病，且缺乏醫療資源，故民間多供奉醫靈大帝、華陀、扁鵲等，後又有治瘟神靈（如車公元帥等）傳入。

19世紀神明的傳入

19 世紀以前，廣東道壇多由地方商人或文人創設。19 世紀中葉以後，國內政局動盪，香港成為避亂之所。前來香港謀生者多商人、醫生及工匠，故將各自信仰傳入，例如石匠帶來的譚公及三山國王、三行人士傳入的魯班等。

當時香港地區風土病頻仍，且醫療資源缺乏。入遷商人重應時疫、行祈福齋醮、博施濟眾、贈醫送藥。得其捐助，東華醫院、樂善堂、博愛醫院等相繼成立。舊時商人有祀奉神農的習俗，故其開設的醫院中亦常見神農像。開埠初期，衛生設備欠善，遇有疫患時，居民多自外地迎神來港坐鎮，消災驅妖，後且為之立廟，如此者有三太子及綏靖伯等。

民初儒道商人的入遷及其善行

民國成立後，前清遺老陳伯陶、賴際熙、張學華等避居香港，常束髮作髻，自稱傳承羅浮山龍門派道脈。1927 年國民政府積極剷除中國傳統民間信仰活動及組織。1928 年破除宗教迷信，查禁道館。自 1937 年，廣州市道館相繼被迫卒業。儒道商人多遷逃香港，其人強調儒家修身精神，廣行善事，刊印善書。時廣東軍閥割據，民眾多遷逃香港，帶入道教信仰。其中著名者有藥商梁仁菴，於 1915 年時，將黃大仙畫像帶到香港，其後才有黃大仙祠之建築。1936 年省躬草堂遷立至新界大埔。

其時，廣東地區絲織業發達，許多絲廠女工經濟獨立，多有立志不嫁，自梳而為自梳女者，其先天道齋堂遂被稱為姑婆屋。

嗇色園黃大仙祠

此外，不婚嫁的「媽姐」，為求年老時能入住姑婆屋，遂付出一筆費用給齋堂，以求能於彼茹素奉道，終老堂內。

呂祖像

其時道堂多具善社形式，崇拜太上老君、呂祖、關公等，建築模仿道觀，社員受道名，輩份排行分明，強調儒家修身精神，廣行善事，刊印善書。皈依者稱道侶，自組團體，新加入者需有舊成員推薦，經「簪冠」入教儀式，得道號，成員皆稱呂祖弟子。

日治期間（1941-1945），廣東呂祖道侶避難香港，亦重行普濟眾生、贈醫施藥、殮葬屍骨之事。

戰後儒道商人的善行發展

20世紀中葉，中國政權轉變，許多道教人士及團體南遷香港，分別協助創立蓬瀛仙館（1929）、玉壺仙洞（1932）及青松仙觀（1950）等多間道堂。南來道侶多藥材商人，以其道堂主要來自羅浮山及廣州全真教龍門派，皆尊崇呂祖。

呂祖即唐代呂洞賓，於南宋以後被視為內丹道術大師，是全

真教創教五祖之一。至元六年（1269），元世祖封全真五祖為真君；武宗至大三年（1310）加封為帝君。信眾尊之為呂純陽祖師，民間尊稱為呂祖。因呂祖是中醫師、藥材商的祖師及保佑神，故民間多宣稱從呂祖處得獲醫病處方。

道侶須出家、不婚、素食、住道觀。男為道士，女為道姑，皆蓄長髮，頭挽成髻，可戴冠，男蓄鬍鬚。其修行重儒、釋、道三教合一。道眾以扶乩向信眾傳達訊息，從而達到與神相通之目的。亦有皈依後繼續世俗生活者，其人居家誦經，有自己事業，生育子女，惟舉辦儀式時方應召赴會造法事。道侶重視本地救濟、行善，常參與如施藥、施衣、賑災、義賣等慈善活動。道堂附設先人靈位及骨灰龕。道侶出外做功德法事，舉辦附薦先人法會及普渡施幽儀式，拓展老人福利服務事業，亦開展興學育才、推廣道教教育等工作。

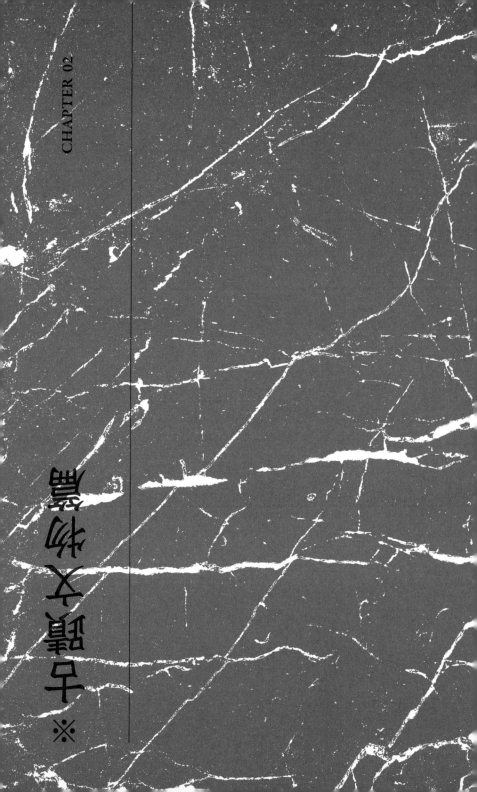

CHAPTER 02

錦田，古稱岑田，明萬曆年間（1573-1619）改稱錦田[1]，位於香港新界大帽山麓，為一大盆地。該地三面環山：北有雞公山（古稱桂角山）；東倚觀音山；東南矗立大帽山。西臨元朗平原，中為錦水所灌溉。佔地廣闊，土壤肥沃，村落散佈田疇四周。

鄧氏開發錦田

該區鄧氏，其祖鄧符，原籍江西吉水，北宋間卜居錦田桂角山下。[2] 並創力瀛齋，建書樓，讀書講學。[3] 明洪武年間（1368-1389），該族於境內擴張勢力，繁衍人口，遂於鄰近地域開村建業。[4]

清初遷海，該族亦遷內地，展界後遷回。遷徙期間，該族仍能保持勢力，故於復界後日漸壯大，東至八鄉，西達元朗十八鄉

一帶。

該族以水頭、水尾兩村為中心，並已發展錦慶圍、吉慶圍、泰康圍、永隆圍、泰康村、祠堂村，高埔村等村落。[5]

周王二公奉祀的由來

水頭村前便母橋旁，有周王二公書院一座，中祀清初名宦兩廣總督周有德與時任廣東巡撫王來任，以紀念二人首倡及協助展界之功。[6]

事緣清順治十六年（1659），明遺臣鄭成功據臺灣、金門、廈門等地抗清，因御下過嚴，致令部將黃梧、施琅等降清。黃梧奏請朝廷，遷沿海邊民至內陸，沿海地區堅壁清野，以困鄭成功。[7]

順治十七年（1660），兵部尚書蘇納海定議，於東南沿海實行遷界。[8] 遷界範圍始於山東瀕海，而及於江蘇、浙江、福建、廣東等省，沿海邊界居民，前後三遷始定。[9]

康熙元年（1662），廣東瀕海遷界，始行於惠州、潮州兩府沿海各縣，繼及廣州府屬虎門以西、厓門以東諸鄉，香山縣（今中山市）西北各鄉亦悉被遷[10]，再及新安縣沿海，致今香港、九龍、及新界等地居民皆被迫遷居內地。康熙三年（1664），因遷海政策，新安縣三分之二土地內的居民被迫遷離，所餘地域則被併入東莞縣管轄。[11]

康熙四年（1665），福建總督李率泰病卒，遺疏轉請展界。同時，廣東巡撫王來任亦疏陳廣東遷界六大害，並請禁革。朝廷

敕部議，次第施行，廣東居民大悅。[12] 康熙七年（1668），王來任病卒，遺疏詳論粵東居民奉檄內遷，流離失所者甚眾，宜令復還故地。[13] 其遺疏上達後，朝廷漸知東南沿海地域所受遷海之苦，遂下詔派員查勘沿海境地。

是年八月，兩廣總督周有德[14]，與都統特進、戶部侍郎雷虎，會同平南王尚可喜勘邊，見遷民流離失所，遂請復界。朝廷許之，陸上地區居民得陸續遷回，惟海禁令仍未廢除，船隻不能出海。錦田與後稱新界之地居民，遂可遷回故里，重建家園。[15]

為感謝王來任倡議展界及周有德勘邊與疏請展復之功，廣東沿海居民遂為二公建祠，設立神位，四時供奉。[16]

水頭村周王二公書院

香港新界錦田鄧族，自康熙八年展界始得遷回故里，重建家園。時居民為感倡議展界的前廣東巡撫王來任及奉行展界的兩廣總督周有德二人之功，特於水頭村前建周王二公書院，對之四時奉祀，並於院內設館教育族內子弟，培育人才。

書院建於康熙二十四年（1685），於乾隆九年（1744）、道光四年（1824）、1935 年及 1965 年多次重建，且以三合土鞏固院基及樑柱，使免蟲蟻蛀蝕。

今日所見的周王二公書院，為兩進式建築，中為天階所隔，旁有走廊，廚房與門廳毗連，外觀與普通鄉居無異，門楣上石刻「周王二公書院」。正殿供奉周王二公神位。兩廊壁上嵌有乾隆

周王二公書院

九年甲子（1744）《重建周王二公書院碑》、道光四年（1824）《重修式公書院碑》、1965年《五次重建周王二公書院記》[17]及乾隆四十二年（1777）之《奉督撫藩列憲定案以倉斗加叁准作租斗飭令各佃戶挑運田主家交收租穀永遠遵行碑》[18]。

十年一屆的太平清醮

書院建成後，錦田鄧族於康熙二十四年（1685）舉行首屆太平清醮，除酬謝周王二公外，同時迎請境內其他神靈之神位，供奉醮壇上，酬答其多年來保護闔境太平。[19]該族繼定，日後每十年一次建醮酬神，至今已三百餘年，仍相沿不替。

建醮組織由水頭村、水尾村、泰康圍、吉慶圍、祠堂村、永隆圍、英龍圍及高埔村七村的鄧姓族人組成，費用由祖產及族人分擔。

　　儀式甚為隆重：首先於周王二公神位前虔誠杯卜，定建醮日期及啟壇日期。啟壇之前先上頭表、二表，繼而開工紮作，搭醮棚，上三表，作齋灶。

　　啟壇之日，先取水，繼揚旛杆，迎神登壇，請神開光。是日齋戒開始。

　　啟壇後，每天皆有早朝、揚幡、午朝及晚朝，凡五晝夜。神位前擺列牲饌祭品，神桌上燃點香燭。祭者誦經禮禱，並擲筊以問神明降臨，繼焚化金銀衣紙，奉祀神明。醮期中另有祭小幽、分燈、迎榜、迎聖及禮斗等儀式，並上演木偶戲。

　　最後一天的儀式有走文書、放水燭、謝幡、大士出遊及祭大幽，並於晚上開始酬神演劇。翌日舉行接聖人牌、酬神、送神（化門將）、觀音安位及行符等儀式。酬神粵劇共五日六夜，散班後翌日送神回位。[20]

　　錦田鄧氏自康熙二十四年創建周王二公書院，並於同年建醮酬神，並定下十年一次建醮之規。建醮期間，境內其他神靈的神位亦供奉醮壇上。除此，明代鄧氏十六世祖洪儀公及其繼室黃氏神位，亦奉迎壇上。[21] 醮棚內同時展出該族所藏名器古物，藉以展示其前時的權力地位。[22]

【註釋】

1　《錦田鄧氏師儉堂家譜》，〈錦田鄉歷史篇〉中謂：「……至岑田易名為錦田之由，則因（明）萬曆十五年（1587），寶安旱災，義倉盡罄，知縣邱公體乾下鄉籌賑，各處捐助，少者三數石，多者亦不過二三十石，獨洪儀祖之七代孫元勳公，慷慨捐穀二千石，備受褒獎。邱公見吾鄉膠土地膏腴，田疇如錦，遂易名錦田。」

2　清舒懋官《新安縣志》，卷二十一，〈人物三〉，〈流寓〉，鄧符條；及《錦田鄧氏師儉堂家譜》，四世祖符公條。

3　清舒懋官《新安縣志》，卷四，〈山水略〉，桂角山條載：「桂角山在縣東南四十里，宋鄧符築力瀛書院，講學於其下，今基址尚存。」此書院為錦田最早之學舍，雖早已圮，然其基址於清初尚可識。鄧惠麒先生藏有該書院之天面瓦片數幅。

4　有關該族在新界地區之發展，詳見拙著《香港新界家族發展》，〈香港新界鄧氏〉，頁 38。

5　拙著《香港新界家族發展》，〈香港新界鄧氏〉，頁 38。

6　該書院位於北圍村（水頭村）後大沙洲前。

7　詳見拙著《清初遷海前後香港之社會變遷》，〈清初遷海考〉，頁 93-95。

8　遷海之倡議者，有謂黃梧、房星曄、施琅、蘇納海、張雲章等說，筆者考證為黃梧倡議，蘇納海及施琅按議，而事成。詳見《清初遷海前後香港之社會變遷》，第二節，〈遷海之倡議及施行之探究〉，頁 95-103。

9　《清世祖實錄》，卷一百零三，順治十三年六月敕諭。

10　清陳澧《香山縣志》，卷二十二，〈紀事〉，康熙元年及康熙三年條。

11　清陳伯陶《東莞縣志》，卷一，〈沿革〉，康熙五年條。

12　王來任，字宏宇，正黃旗漢軍，天聰八年（1634）舉人，順治十二年（1655）改正黃旗漢軍甲喇章京，康熙元年（1662）任隕陽巡撫，四年（1665）巡撫廣東，上疏陳廣東六大害。（其疏詳見筆者與家兄蕭國鈞合著《寶安歷史研究論集》（香港：顯朝書室，1988 年），〈寶安西鄉之王大中丞祠〉，頁 110-111，註 3。

13　其遺疏詳見《寶安歷史研究論集》，〈寶安西鄉之王大中丞祠〉，頁 111-113。

14　周有德，漢軍鑲紅旗人，康熙二年（1663）授山東巡撫，三年（1664），以獲逃人加工部侍郎銜，六年（1667）擢兩廣總督。

15　清陳伯陶《東莞縣志》，卷三十二，〈前事略四〉，〈國朝一〉，康熙七年條。致海禁令於康熙二十三年（1684）始被廢除。

16 廣州府屬濱海各縣，王巡撫祠甚眾，據各縣志所載：順德縣諸祠位於容奇、沙頭、鹿門、桂洲、馬岡、小灣、江尾及白藤。另於桂寧墟有懷德祠，合祀李率泰、王來任、邱如嵩與楊之華。增城縣王祠位於縣之魁樓前。新會縣兩所祠堂分別位於水南鄉及江嘴村。香山縣諸祠位於小欖、龍眼都坑口墟及黃角。新寧縣兩所祠堂位於娉崗都新村與海晏都那馬村。新安縣諸祠分別位於西鄉、沙頭墟與石湖墟。石湖墟位於香港新界上水，墟內之王巡撫祠名報德祠，位於巡撫街，康熙二十三年（1684）建，1955 年毀於大火。惟錦田周王二公書院，於縣志無載。

17 各碑碑文，詳見科大衛等編《香港碑銘彙編》（香港：香港市政局，1986年），第一冊，頁 28-31、頁 79-81 及頁 568。1965 年重建碑，額稱「五次重建」，但其實為第四次重建，加上首建，才合五次之數。

18 復界初期，香港新界元朗及錦田之田主，其收租所用之租斗，名目各殊，大小不一，故由官府衙門烙印倉斗一個，交田主收執，以作準繩；主佃挑運等，歷久相安無事。後因不法鄉民，捏造倉斗，塗改批約，希圖短租，但為其他主佃所不值，告至督憲部衙門。該案自雍正四年（1726）起，至乾隆四十二年（1777）始獲批示；飭令遵照原烙倉斗，照舊約交租，並示諭各佃批運田主，交收租穀時，永遠遵守，不得捏製，並着各佃戶另換新批帖，以杜後事。乾隆四十二年，官府勒石曉諭鄉民，永遠遵照。碑文詳見《香港碑銘彙編》，第一冊，頁 40-42。

19 醮壇內供奉之神位，除周王二公者外，包括永隆圍、新圍、吉慶圍、祠堂村、水頭村、錦慶園、文武廟、泰康村、沙貝嶺、洪秀潭、高埔村、八鄉古廟、元崗鄉鄂聖宮及凌雲寺等多處神位。另錦田明十六世祖鄧洪儀公與其繼室黃氏之神位，亦供奉壇內。有關供奉各神靈名稱，詳見田仲一成《中國鄉村祭祀研究：地方劇的環境》（東京：東京大學出版會，1989 年），第三篇，第二章，〈香港新界錦田村太平清醮祭祀〉，頁 942-949。

20 該太平清醮為期五晝夜，除祭祀酬神儀式外，每天例有木頭戲上演，散醮後，繼上演酬神專劇，凡五日六夜。詳見前書同篇同章，頁 941-970。

21 鄧洪儀，明初錦田人，為錦田鄧氏始祖，入遷廣東鄧氏漢黻公的十五傳孫。洪儀公於明代初年，曾以代弟洪贊遠戍遼東而見著於族里。黃氏為洪儀公於戍邊期滿回鄉時，在江南所娶之繼室。黃氏於洪儀公死後遷回錦田，洪儀髮妻所生三子皆善事黃氏，後且建凌雲靜室俾其奉佛修養，以樂餘年。此為錦田鄉佳話。詳拙著《香港歷史點滴》，第二章，〈代弟戍邊之鄧洪儀〉，頁 24-27。

22 包括宋代古畫、清代祝壽木屏風與祝壽布帳等物。

錦田水頭村二帝書院

　　錦田水頭村之二帝書院建於前清道光年間，是錦田鄧族的一所重要學堂，曾教育出不少科場及第的學子。

　　鄧族自始祖符協公定居錦田，於桂角山下創設力瀛書齋，以招來學。17 世紀間，於水頭村及水尾村之間，建高五層的文昌塔一座，內供文武二帝，以振族子文運。其時，族內科名甚盛。惜於 18 世紀間，文昌塔被毀，二帝神像亦遭棄置荒野。

　　19 世紀初，錦田水頭村土紳組創文昌會，並於村內興築二帝書院，供奉文武二帝，並作教育族內子弟之所。書院所需經費，由文昌會嘗產所得支付。該村之文昌會共有會友凡十六份，置有產業，並輪值為會首，負責祭祀書院內神靈。該十六會友為：第一甲：亮采祖、均泰祖、奇醮祖、植垣祖、廙堂祖；第二甲：雲卿祖、知稼祖、煥國祖、景章祖；第三甲：興貴祖、彥龍祖、惠彥

祖、吉駢祖；第四甲：斐容祖、宜可祖、禮一祖、介壽祖。[1]

該書院為區內重要學府，其門前有白石鋪砌小巷，時稱「白石巷」。該巷凹凸不平，使進入書院的學子感覺求學機會得來不易。入讀者被尊稱「白石巷弟子」。

該書院為一所兩進三間式建築，呈長方形，青磚砌建，開一門，位前後兩廳之間。前廳正中為二星閣，中奉文武二帝，並祀魁星神像。入門左旁為門房，神廳右旁

文武二帝會石刻

二帝書院

為花廳，供學子吟詠賞花之用。後廳正中及右旁為教室，左旁為老師居所。前後廳中間為天井。門外為圍牆，兩端均有出口，圍牆內為白石巷。

20世紀初，該書院用作小學，有學生約三十人。二次大戰時書院關閉，戰後一直棄置。1992年，政府資助重修，完成後開放，供人遊覽。

附錄：清代的文科舉制度

清代的科舉制度沿襲明代制度，共三級考試。第一級為小試，或稱童試；第二級為鄉試和覆試；第三級為會試和殿試。此外，還有一次朝考。

一．小試（童試）

小試即童子試，俗稱考秀才。清代設有學校，府、州、縣學之學生，稱為生員。未取得生員資格者稱童生。童生若要取得生員資格，必須通過縣試、府試及院試，合稱童試。

1. 縣試：縣試由各縣知縣主持，考期通常在二月。考試分四場或五場：第一場為正場；第二場為招復；第三場為再復；第四、五場為連復。每場一天，黎明前點名入場，限當日交卷。考試內容主要是四書文、試帖詩、性理論或孝經論等。考試結束後，由縣署造具名冊送交本縣儒學署，並申送本府或直隸州廳，參加府試。

2. 府試：府試由各府知府或直隸州知州、直隸廳同知主持，考期多在四月。因故未能參加縣試之童生，若補試一場，亦能參加府試。考試完畢，由本府或直隸州、廳官造具清冊送交學政，參加院試。

3. 院試：院試由各省學政主持，學政三年一任，於子、卯、午、酉年八月，由皇帝親自選派。院試開考前一日要拜謁文廟。考前防止冒名頂替的措施也比縣試、府試更為嚴格。童生入學考試之內容，清初為四書文及孝經論各一篇。其後規定，正場試四書文二，覆試四書文及小學論各一。清中葉後，覆試改考四書文及經文各一，增加五言六韻詩一首。

新生入學後，在學校學習至下屆新生入學才算期滿畢業。期間，教官負責考核，有月課、季考，還要參加學政舉行的歲試和科試。學政到任的第一年進行歲考，第二年進行科考。歲試、科試按成績分為六等：文理平通為一等；文理亦通為二等；文理略通為三等；文理有疵者為四等；文理荒謬者為五等；文理不通者為六等。凡在科試中名列前茅者（大省前十名；中、小省前五名），即獲參加鄉試的資格。

除了經童試取得生員資格外，學子亦可從其他途徑，獲取監生、廩生、增生資格後，再參加鄉試。例如監生，即就學於國子監的學子，由學政考取者稱貢監；地方保送者稱舉監；捐資取得者稱例監（亦稱捐監）；皇帝特許者稱蔭監。蔭監分為恩蔭及難蔭：恩蔭為遇皇室慶典時賜予四品以上京官、三品以上外官及

二品以上武官子弟的監生資格；難蔭為賜予殉職官員子弟的監生資格。

二. 鄉試

鄉試於各省城及京城舉行，每三年一科，於子、卯、午、酉年舉行，稱為正科。遇有皇上登極、萬壽等慶典特詔舉行的考試，稱為恩科。鄉試一般於八月舉行，故稱秋試，亦稱秋闈。

鄉試共分三場。據《欽定大清會典事例》記載，順治三年（1646）規定，首場試四書三題，五經每經各四題，考生可自選一經；第二場試孝經論一篇，詔、誥、表各一通，判五條；第三場試經史時務策五道。乾隆五十三年（1788）戊申科鄉試定制，在五科（五次鄉試）之內，按詩、書、易、禮記、春秋順序輪流命題，考完五經，將第二場的論一篇裁去，以五經各出一題，之後沿為定例。

鄉試依考生文風之高下、其籍貫地人口之多寡、丁賦之輕重而定中額人數。中式者稱舉人（貢生），首名稱解元。學子需獲舉人資格，才可參加會試。

清代貢生有六：以年資較長而得升入國子監肄業者稱歲貢（別稱歲進士）；各省學政從生員中考選擇優保送入京者稱拔貢；鄉試取入副榜者稱副貢；凡遇皇帝登極或其他慶典頒佈為恩詔之年而加選者曰恩貢；每三年由各省學政從儒學生員考選者稱優貢；不由考選而由生員援例捐納者曰例貢（亦稱納貢）。

三．磨勘

磨勘為朝廷對各直省鄉試結果進行之檢查措施。據《欽定大清會典事例》記載，順治二年（1645）規定，各直省鄉試填榜之日，監臨督同外簾官將朱墨卷逐一查對，如果朱卷字號沒有差錯、墨卷文字沒有關節可疑之處，「即用印鈐蓋，差人星馳解部，以憑磨勘」。

清朝《皇朝文獻通考》謂，磨勘試卷，其目的為「防弊竇，正文風」。在磨勘中，如發現試卷文體不正、字句可疑、全篇剿襲、朱墨卷不符、策文所答非所問等情況，即行斥革。如有不避廟諱、御名、至聖諱；不遵傳註；謄真用行、草書體；四書文超過七百字；剿襲雷同達十餘句；三篇全用排偶；詩平仄失調；多韻少韻；策文不滿三百字；抬頭不合規格或論及本朝臣子人品學問等情況，則罰停會試一科至三科。主考、同考也將因情節輕重，分別受到罰俸、革職等處分。

四．覆試

順治十五年（1658），為「嚴絕弊竇」，順治皇帝親自對南闈和北闈舉人進行覆試。咸豐、同治年間，由於太平天國起義，交通被阻，覆試受到影響。至光緒末年，根據辛丑條約規定，北京停止考試五年，舉人會試借用河南貢院，考生們可先參加會試，然後進行鄉試覆試。這時的覆試已淪為徒有形式而已。

五．會試

會試於京城舉行，每三年一次，分正科和恩科。在鄉試正科次年舉行者為會試正科；在鄉試恩科次年舉行者為會試恩科。會試由皇帝特派禮部正副主考官主持，稱為「禮闈」。參加會試者，須為各省鄉試中式舉人。舉人在參加會試之前，還必須經過磨勘和覆試。

據《欽定科場條例》載，舉人參加會試，必須先由本人提出申請，經審查合格後，由順天府（各省由布政使司）發給諮文赴禮部投遞，稱為「起送」。發給諮文的同時，還要發給路費，路費的多少根據路程遠近來定，還發給火牌，憑牌供給驛馬一匹，沿途用黃布旗書寫「禮部會試」四字以為標誌。所以應試的舉人也被稱為「公車」。

會試時間初定於二月。乾隆十年（1745），因二月「天氣尚未和暖」，又因「各省俱須覆試」，將會試日期改為三月，此後成為定例，故稱春試，亦稱春闈。

會試分三場，每場三日：初九日為第一場；十二日為第二場；十五日為第三場。前一日點名入場，後一日交卷放出。相關考場規則，與鄉試基本相同。

會試沒有規定中額人數，最少一次為乾隆己酉科，僅錄取考生九十六名；最多一次為雍正庚戌科，錄取人數多達四百零六名。

清初沒有規定會試的放榜日期，由主考官公同議定，移送

禮部奏聞。康熙二十六年（1687）定為三月初五日，康熙五十年（1711）推遲到三月十五日。乾隆十年（1745），因會試改為三月，故將放榜日期順延到四月十五日，時為杏花盛開時節，故稱「杏榜」。會試中式者稱為貢士，首名稱會元。

六. 殿試

會試後，由皇帝在殿廷上對會試取錄的貢士親自策問，故稱廷試，亦稱殿試。清初二月會試，三月發榜，四月初殿試。乾隆二十六年（1761），將殿試定為四月二十一日，從此成為定制。殿試地點初在天安門外，自乾隆五十四年（1789）起，規定在保和殿內舉行。

殿試之內容為經史時務策一道，從清初至清末相沿不變。對策時間以一日為限，不准給燭，亦不准攜出補寫。對策字數不限，但不得少於一千，如當天不能完卷，則被列入三甲之末。

試卷評閱偏重書法，而非考核政治幹能，以「○（圈）」、「△（尖）」、「、（點）」、「｜（直）」、「×（叉）」五種記號作讀卷等級標示。得圈越多考得越好，得叉越多考得越差。

康熙二十四年（1685）規定，以前十卷進呈，由皇帝欽定甲第名次。皇帝定好名次後，讀卷大臣將原卷捧至紅本房，前三卷填寫一甲第幾名，後七卷填寫二甲第幾名，然後內閣將其餘各卷依次書寫，交填榜官填榜。榜用黃紙，表裡二層，稱為金榜。中書四人寫小金榜，四人寫大金榜。小金榜交奏事處進呈皇帝，

鑑古尋根：香港歷史與古蹟尋蹤

大金榜則由內閣學士捧至乾清門鈐蓋「皇帝之寶」，於傳臚之日張掛。

七．傳臚

傳臚在讀卷後一日舉行，典禮非常隆重。清晨鑾儀衛設鹵簿法駕於太和殿前，文武各官身着朝服，按品級排立。諸貢士身穿公服，頭戴三枝九葉頂冠，按名次排立在文武班次之後。鴻臚寺官宣制：「某年月日，策試天下貢士，第一甲賜進士及第，第二甲賜進士出身，第三甲賜同進士出身。」

宣制畢，唱第一甲及第一名姓名，鴻臚寺官引狀元出班，就御道左跪。唱第一甲第二名姓名，鴻臚寺官引榜眼出班，就御道右稍後跪。唱第一甲第三名姓名，鴻臚寺官引出班，就御道右又後跪。一甲三人姓名，傳唱三次。唱第二甲第一名某人等若干名，唱第三甲第一名某人等若干名，都只唱一次，不引出班。唱畢舉榜，儀制司官用雲盤承榜，黃傘前導，禮部堂官及一甲進士三名隨榜而出。狀元率諸進士隨出觀榜，觀榜後順天府備傘蓋儀從送狀元歸第。

傳臚後第三天，賜新進士宴於禮部，稱為恩榮宴，又稱瓊林宴。此外禮部題請工部給銀一百兩，交國子監立石題名。這些進士題名碑，至今仍存於北京首都博物館內。

八．朝考

傳臚後，新進士還需在保和殿參加朝考，其內容為論、疏、詩各一道，試題由皇帝親命，限當日交卷。朝考後依成績，結合殿試及覆試的名次，由皇帝決定授官：狀元授翰林院修撰；榜眼、探花授翰林院編修；其他進士則根據覆試、殿試、朝考三次所得等第，分別授以庶吉士、主事、中書、評事、博士、推官、知州、知縣等職。庶吉士於翰林院內教習館（亦稱庶常館）肄業三年，繼而舉行教館考試，成績優良者授翰林院編修或翰林院檢討，其餘授各部主事，或外放各地任知縣。

進士是科舉的終點，亦是仕途的起點。

【註釋】

1　詳見書院內壁上嵌「公曆一九九四年歲次甲戌重修立」碑記。

錦田水頭村長春園

　　長春園位錦田水頭村，左為洪聖宮；右為清樂鄧公祠，為鄧權軒後人所建之家祠。祠內主祀二十八世鄧松山，直隸分州例封武略騎尉；又祀二十九世鄧子賓，鄉進士，揀選衛千總。

　　園分兩進，中為天階，大門石額陽刻「長春園」三字，門旁聯云：「長守中原舊，春回大陸新。」廳內正樑上懸「留耕堂」木匾，大廳神龕供奉該房二十八世至三十世列位祖先神位。天階右首放置鐵關刀三把，分別重六十五斤、八十五斤及一百一十二斤，長八尺十寸、九尺及九尺四寸。該祠正面牆身頂部有二圓洞，用作防禦；大門前有風水牆，用以擋煞；屋脊及斗拱只有簡單圖案裝飾，頗為樸素。

　　正廳右旁側門外為花園，園後為住宅，惜長期空置，未有修葺，內裡堆放雜物，原貌難辨。屋旁為練武場，其旁另有房間多

長春園

鐵關刀

鑑古尋根：香港歷史與古蹟尋蹤

所，惜已破落，牆壁亦已拆卸，無復舊貌。

　　花園外為練武場，供習武之用。拉弓、舞刀、舉石等技勇，皆於此處習練。至於馬步箭射之訓練，則於村外草坪地區舉行。村北「荷葉跋龜」及「美女梳妝」兩名穴旁，有一平原，其上蔓草縈生。該處為鄧氏墓地，其明十五世祖鄧洪儀之墓亦處其間。鄧氏武子當年於此處習練馬步箭射，今遺址仍存。

　　如今，科舉考試制度早已廢除，惟村民仍習武強身。當年武科考生習技的鐵刀，仍存長春園內。該祠於 1994 年 11 月 19 日被列為認定古蹟，1997 年 1 月 19 日開放供人遊覽。

附錄：清代之武科舉制度
清代武科舉考試分童試、鄉試、會試及殿試。

一．武童試

　　清朝規定，初次參加武舉考試者，皆稱武童。武考報名手續極其嚴格，規定於試前先獲本縣擔任教習之武舉、武弁、武生，將所教武童姓名開明具結，並將同姓者彙聚一處為一牌。若考生有滋事、作弊等違反規定的行為，則要責罰該教習。此外，外省任職人員子弟需回本省本縣考試。馬步兵丁亦歸本縣考試，惟仍須取得本營參將、守備印結，並五童互結，方准赴考。

　　武童考試先考外場，後考內場。外場考試由各省總督、巡撫、提督、總兵，於就近副將、參將、游擊內委派別省籍貫者一

人，會同學政進行考試。武職從收到委任狀起，要加謹關防，封門迴避，直至考試完畢。外場考試分兩場進行。頭場考馬射，馳馬射三箭，全不中者即被淘汰。二場考步射，連發五箭，全不中或只中一箭者不許再考。馬射、步射合格者，再試開硬弓、舞刀、掇石三技。內場考試原為策論，後改為默寫《孫子》、《吳子》、《司馬法》、《六韜》、《尉繚子》、《三略》、《李衛公問對》等「武經七書」。

武童應試外場時，必須先親自填寫姓名、籍貫、年齡、上三代姓名、職業，到錄取時再複填，以便驗對筆跡，稽查混入者。按程序，縣考錄取後，造冊送府；府試錄取後，造冊送學政。縣、府兩級須將原卷保存以備查對。咸豐、同治年間，允許捐資增加名額。[1]

各省學政取進武新生後，造冊呈送兵部，同時將錄取名單轉發各縣學。無武學處，附文學教官管轄。該教官造冊移送同城武職，每月在各學射圃會同考驗弓馬。武生規避不赴考者示儆。除騎射外，還教以武經、百將傳、孝經、四書，至下屆新生到學為滿期。自後仍按時督課，如有騎射不堪、文理荒疏及品行不端者，許該教官詳請學政褫革。

武生歲考三年一次。無故臨場不到，即行黜革。如因外出遊學未歸，或是患病未癒，可申請展限，到病癒回籍，再進行補考。缺席至三次以上，不准展限，亦予黜革。如若文藝較優不能騎射，准其告退，與文童一例考試。年老武生不能騎射者，即免

除歲考給予衣頂，歸州縣管轄。

武生於學政三年任滿時進行舉優，由學政出具考語彙題送部。到部時，禮部考試文藝，兵部考試騎射，具奏請旨，升入太學，准作監生。武生無廩生和增生，也無貢生名目。

二. 武鄉試

武鄉試每三年一次，子、午、卯、酉年為正科，逢慶典之年（如新皇登基、皇帝、太后大壽）舉行恩科。各省武生在本省城或順天府參加鄉試。考試安排在十月舉行，自乾隆元年起，外場初七日開始，考試馬步箭並技勇。大省因人數多，故可提前於初五日開始。內場十三日入闈，十五日試策論。其後又改為初五日開始，連試外場和內場，十一日出榜。武鄉試中式者稱為武舉。

武生參加鄉試，要有州縣地方官出具印結擔保，再有同省同考五人互結作保，才准入場。報名時，考生姓名、籍貫、年貌、三代冊結等，皆需事先由地方官負責造具，並要符合定制。

武鄉試內、外三場考官俱有定規。順天外場欽簡大學士都統四人為考試官，會同兵部侍郎、順天府府尹、府丞及御史分闈考試，並派皇子、大臣監同閱看。內場簡用翰林院官二人為正、副考官；進士、舉人出身之部屬等四人為同考官；四人為授卷彌封官；中書二人為收掌官；御史四人為監試；滿漢兵部司員二人為提調；其餘人員如監門、巡綽、搜檢、供給官兵及金鼓角等項，則於巡捕營分撥備用。各外省以該省巡撫為監臨主考官，如有總

督的省份，則以總督為監臨，巡撫為主考。惟江南於乾隆三十三年（1768）改歸總督為監臨主考，未用巡撫。內場選科甲出身的同知州縣四人為同考官閱看文字；外場約會近省之提督總兵官一人同考，若提鎮路遠，則委副將一人代之。有駐防省分並會同將軍考閱，其餘監試、提調、執事各官，就本省選員派充。主考闈官上馬下馬筵宴、給金花表裡等，俱與文場同。

武鄉試分三場進行。首場考試馬射，箭靶內以蘆葦裹蘆席，外包紅布，高約五尺，圓筒形狀，約一人合抱。考試時，在馬道旁設三個箭靶，各距三十五步（約一百七十五尺）。考生縱馬三次，發九矢，中靶兩次為合格。其間亦有改為中靶三次、四次為合格者。二場試步射，樹「大侯」，高七尺，寬五尺，最初距離八十步，後改為五十步。考生射九箭，中布侯三次為合格。其間亦有以中布侯二次、四次為合格者。馬、步射箭頭皆用鐵製。

馬、步射之後，考生再開硬弓、舞刀、掇石以試技勇。乾隆二十五年（1760）起，馬、步射考試，規定各發六矢，增馬射地球一矢。馬射弓以三力（十斤為一力）為準，步射弓以五力為率，可以增加力數但不能減少。馬射縱馬二次，射六箭，中三次者合格。失敗者，不准試步射。步射箭布侯改高五尺，寬二尺五寸，距三十步，射六箭，中二次者為合格，缺一則不得再考弓、刀、石。

為對馬、步射合格者進行再次評量，在未考弓、刀、石之前，需試馬射地球一箭：球形如斗狀，直徑約二尺，用皮或氈做成，

置馬道旁土墩上，土墩高約一尺，平面約三尺，射中後，球需落到墩下。如未能落墩下，則以不中論。箭頭為扁圓木製成。

技勇考試所用之弓，其重量有八力、十力、十二力之分，超過十二力為出號弓，力氣大者可增加二、三力，但以十五力為限。刀有八十斤、一百斤、一百二十斤者；石有二百斤、二百五十斤、三百斤者，各以三號、二號、頭號分等考試。考試要求弓必三次開滿，刀要前後胸舞花，掇石則至少離地一尺，一般要舉過膝蓋或胸口。三項皆是三號者為不合式，必須有一、二項為頭號或二號，才算合格。

三場試策論。清初試策二篇，論一篇。順天鄉試，由內場考試官出題，各省鄉試則由巡撫出題。內場試題向用武經七書。康熙四十八年（1709）議定，考試改為試論二篇，題目出自《論語》、《孟子》；策一篇出自《孫子》、《吳子》或《司馬法》。乾隆二十四年（1759），將四書論一篇裁去，只留武經論一篇、策一篇。嘉慶十二年（1807）又改為默寫武經。主考官擇取一段約百餘字，以不錯漏及字體端正為合式。

武鄉試錄取名額前後不一，康熙二十六年（1687）規定，中額人數為文闈的一半，其中廣東佔四十三名。乾隆、嘉慶、道光以來屢有增加。武鄉試發榜後，考官及新科武舉要參加鷹揚宴，取中式武舉威武如鷹飛揚之意。清代規定，武舉人到中舉六十年，可重赴鷹揚宴。

三. 武會試

武會試於鄉試第二年，即辰、戌、丑、未年舉行。各省武舉出身凡六十歲以下者，均可會試於北京。試前仍需原籍地方官具結呈報，詳告該省督撫請諮發司，限八月十五日前轉給，並發放進京費用。武會試以兵部侍郎一人為知武舉，御史四人為監試，兵部滿、漢司官各一人為提調。外場考試官四人，以大學士都統欽簡，會同兵部尚書、侍郎及御史，分闈考試，每闈由各旗派參領二員、兵丁十名巡管。內場正副考官二人，以內閣、六部、都察院、翰林院、詹事府各堂官欽簡；同考官四人，以進士舉人出身之中書、給事中、郎中、員外郎、主事簡派。收掌官派中書、受卷、彌封、印卷等官將兵部漢司官遴選委派。

考試日期在九月，內、外場的考試時間、內容、方法以及防止舞弊的措施，與武鄉試大略相同。武會試考中者需進行覆試。其制始於乾隆四十年（1775），方法是：在會試結果揭曉以後、殿試之前，欽點六部堂官二三員，傳集新中武舉，按照會試原冊所載弓、刀、石斤重號數，令其逐一演試。若考生成績與前試懸殊過大，則罰停殿試一科，監試大臣議處。會試有親緣迴避及地緣迴避的原則，故主考官、同考官不得主持或參與同籍貫考生的會試。

武會試錄取者稱武進士。其名額不定，順治至康熙初年或為二百，或一百，或一百五十。直隸、山東、山西、河南、陝西為北卷，取中五十名；江南、江西、福建、浙江、湖廣、四川、廣東、

廣西、雲南、貴州為南卷，取中五十名；又滿、蒙、漢軍取中八名。自康熙五十二年（1713）起，取中不拘定額數，各省及滿、蒙、漢軍武舉，由兵部會同考官試外場完畢，將合式及弓馬皆好之武舉實數，開明奏聞，計省之大小、人之多寡，按省臨時酌定中額。考官就本省卷，擇其佳者，如額取中。乾隆三十一年（1766）後，考官須將前次取中數一併進呈。這樣就使得各省錄取率比較均衡。

會試落第的武舉人，可赴兵部揀選，一、二等任營千總，三等任衛千總。有願隨營差操者，呈請由兵部分發本省各標、協、營任用。此外，雍正時，有司會按路途遠近，給會試落第武舉路費，金額從十兩至四五兩不等。

四. 武殿試

武殿試為武科考試中最高一級的考試。清順治二年（1645）規定，武殿試於武會試結果揭曉後之十月內舉行，具體日期由兵部擬定，具奏請旨。內容仍為內場試策，外場考試馬、步射及弓、刀、石技勇。以內閣、六部、都察院、翰林院、詹士府各堂官四人為讀卷官；兵部滿、漢堂官為提調；御史為監試；中書翰林院部屬筆帖式內派收掌、受卷、彌封官若干人；鑾儀衛內派巡綽官；兵部司員、筆帖式、中書、光祿寺內派印卷、填榜、供給各官。以上各官，均由兵部根據各部、院、衙署，開送職名，密題請旨選派，一經選定，即入閣值宿。

武殿試先要在保和殿試策。最初策題像文殿試一樣，標目進呈，由皇帝欽定三條。殿試前一日，於內閣刊該題紙，臨場散發。嘉慶以後，改為默寫武經約百字。試策後，皇帝親臨西苑門外中南海紫光閣，御試馬、步箭及弓、刀、石。御試前，先由皇子騎射作示範。考試分兩日進行。嘉慶十九年（1814）改定十八日在紫光閣閱試馬、步箭，十九日在景運門外箭亭閱弓、刀、石，並引見。

　　御試雖在策試之後，但確定甲第名次卻以馬、步箭及弓、刀、石的水平高低為依據。一甲及二、三甲前十名皆於校閱時由皇帝欽定。歷科一甲進士皆從能開出號弓的中式武舉人中挑選。

　　道光十八年（1838），因會試揭曉之日與殿試相隔一月，為期甚遠，故提前半月殿試。道光二十七年（1847）年改為十月初一日默寫武經；初二日試馬、步箭；初三日試弓、刀、石；初四日引見；初五日傳臚。

五 . 傳臚

　　傳臚為宣佈考中武進士名次的典禮，因皇帝親自參加而顯得極為隆重，於太和殿舉行。第一甲三名，賜武進士及第；二甲若干名，賜武進士出身；三甲若干名，賜同武進士出身。一甲第一、二、三名分別稱為武狀元、武榜眼、武探花。傳臚典禮完畢，兵部堂官舉榜由中階下置於云盤上，授司官，由中路捧至午門中門，跪置龍亭內，行三叩禮，鑾儀衛校尉舁亭，鼓樂前導至西長

安門外張掛。是日,賜武狀元盔甲,諸武進士隨出觀榜,巡捕營備傘蓋儀從送武狀元歸第。次日在兵部賜「會武宴」,考官及新科武進士共同參加。皇帝派領侍衛內大臣一人主宴,護軍統領一人管宴。宴會上賞給武狀元盔甲、腰刀等項,並賞諸武進士銀兩。

六. 武進士的錄用

武殿試傳臚後,武進士分別以武職錄用。順治三年(1646)規定:一甲一名授參將(正三品),二名授游擊(從三品),三名授都司(正四品);二甲均授守備(正五品),三甲均授署守備。[2]

清代錄用武進士,品級雖高於文進士,惟其仕途之暢達卻不能與文進士相比。武狀元得授官銜(正三品)雖較之文狀元例授翰林院修撰(從六品)高出許多,但據統計,清代文科三鼎甲累官至軍機大臣、大學士、尚書、總督、順天府尹等正三品以上內外高層官吏者達四百一十九人次,其中狀元佔一百六十九人次。而武科三鼎甲凡三百餘人,卻幾乎未有「出將入相」的人物。[3]

七. 武科外場考試之器械

武科外場考試之器械,主要分為三類,即測試武藝的弓箭類器械、測試體力之舉重類器械(練武石)及其他器械(長柄刀)。

1. 弓及箭:清代弓制大致分為三類:一為皇帝御用弓,分為皇帝大閱弓、皇帝大禮隨侍弓等;二為王公弓,自親王以下至奉恩

將軍，所用弓俱同；三為職官兵丁弓。清代武舉考試只能用職官兵丁弓，其形制比較簡單，一般榆木為幹，用絲或鹿皮為弦。其中用於技勇類考試之弓，弓力要達到八力、十力、十二力，並且還要製造一定數量超過十二力的「出號弓」，以備力大超群者使用。

武舉考試所用之箭，與士兵所使用者同，為尖形梅針箭或棱形鈚箭，以樺木或柳木為笴，長約三尺，鐵鏃長三寸。[4]

2. 練武石：清代武科技勇類考試中的掇石，所用練武石呈長方形，「形如方礎」，兩側上半部鑿有凹孔作為插手處，分別重二百斤、二百五十斤、三百斤。考試時，要求舉子以雙手高舉石塊，過其項後，擲向遠處，或舉起石頭行走數步，以「面不赤、氣不喘」為上等。[5]

3. 長柄刀：清代武科技勇所考舞長柄刀，要求「刀必舞花」，即要求舉子能將大刀熟練、輕盈地掄動。大刀形制如偃月刀，鐵柄，分三等。一等重約一百二十斤，長八尺一寸五分；二等重一百斤，長七尺八寸七分；三等重八十斤，長七尺四寸。[6]

【註釋】

1　商衍鎏《清代科舉考試述錄》載：「咸豐三年，捐銀二千兩者，府、州、廳、縣廣文武一次學額各一名，一萬兩者廣永遠定額各一名，均以十名為限。同治七年，捐銀倍其數，改為四千兩、二萬兩，旋議業經廣過文武學額者，概行停止，未經廣過者，准捐銀一萬兩加廣一次學額各一名，仍不得逾大學七名、中學五名、小學三名額數，一次即行停止，以示限制。」

2　副將、參將、游擊、都司皆清代綠營長官：副將從二品，頂戴珊瑚，袍服繡獅子；參將正三品，頂戴藍寶石，袍服繡豹；游擊從三品，頂戴藍寶石，袍服繡豹；都司正四品，頂戴藍寶石，袍服繡虎；守備正五品，頂戴水晶，袍服繡熊。雍正五年（1727）又定：一甲一名授一等侍衛（正三品），二、三名授二等侍衛（正四品）；二甲選十名授三等侍衛（正五品）；三甲選十名授藍翎侍衛（正六品）；其餘武進士分別以營、衛守備在兵部註冊任用。（清代漢人侍衛多由武進士之一、二、三甲中選授，其一等者為正三品，二等正四品，三等正五品；藍翎侍衛為正六品。）乾隆元年（1736），簡派大臣將註冊之武進士再行考試，挑選三等，一、二等任用為營守備，三等任用衛守備，並准分發省份試用，試用期滿者可以出任相應職務。（《清朝文獻通考》，卷五十三，〈選舉考七〉）

3　王德昭《清代科舉制度研究》（北京：中華書局，1984 年），頁 59-60。

4　《欽定大清會典圖》，〈武備〉。

5　《皇朝經世文統編》，卷七十一。

6　《欽定大清會典圖》，〈武備〉。

元朗新田永平村內，有大夫第一所，為該鄉文氏二十一世祖文頌鑾所創建。第內大廳簷下懸掛前清皇帝制誥木匾兩幅，分別刻有漢、滿兩種文字。兩制誥漢文如後：

（一）

奉天承運，皇帝制曰：考績報循良之最，用獎臣勞；推恩溯積累之遺，載揚祖澤。爾文時韠，迺同知銜文頌鑾之祖父。錫光有慶，樹德務滋。嗣清白之芳聲，澤留再世；衍弓裘之令緒，祜篤一堂。茲以覃恩，貤贈爾為奉政大夫，錫之誥命。於戲！聿修念祖，膺茂典而益勵新猷；有穀貽孫，發幽光而丕彰潛德。

制曰：冊府酬庸，聿著人臣之懋績；德門輯慶，式昭大母之芳徽。爾鄧氏，迺同知銜文頌鑾之祖母。篤誠揚芬，珩璜表德，職勤

內助，宜家久著。其賢聲澤裕後，昆錫類式。承乎嘉命，茲以覃恩，貤贈爾為宜人。於戲！播徽音於彤管，壺範彌光；膺異數於紫泥，天麻允劭。

同知銜文頌鑾之祖父母

光緒元年肆月拾伍日

（二）

奉天承運，皇帝制曰：求治在親民之吏，端重循良；教忠勵資敬之忱，聿隆襃獎。爾文家珍，迺同知銜文頌鑾之父。提躬淳厚，垂訓端嚴。業可開先，式穀乃宣猷之本；澤堪啟後，詒謀裕作牧之方。茲以覃恩，封爾為奉政大夫，錫之誥命。於戲！克承清白之風，嘉茲報政；用慰顯揚之志，畀以殊榮。

制曰：朝廷重民社之司，功推循吏；臣子懷冰淵之操，教本慈幃。爾鄧氏，迺同知銜文頌鑾之母。淑慎其儀，柔嘉維則。宣訓詞於朝夕，不忘育子之勤；集慶澤於門閭，式被自天之寵。茲以覃恩，封爾為宜人。於戲！仰酬顧復之恩，勉思撫字；載煥絲綸之色，用慰劬勞。

同知銜文頌鑾之父母

光緒元年肆月拾伍日

新田大夫第

新田大夫第正廳簷下匾額

觀其文意，可獲下列要點：

一、大夫第之創建人文頌鑾於同治間捐獲同知銜，而非實授。

二、其祖父於其獲同知銜後，亦獲貤贈奉政大夫銜，其祖母則獲貤贈宜人銜。

三、其父於同年獲封奉政大夫，其母則獲封宜人銜。

四、其祖父母與父母同於光緒元年（1875）獲封贈。

據考，文頌鑾為一長袖善舞商人，且樂善好施，深得鄉黨推重，惟於科場上未見顯名。故其能獲同知銜，想為捐納所致。惜其所捐數目，今已難考。又據兩匾中載，其祖父母及父母於光緒元年同獲封贈。其時文頌鑾已獲同知銜，故其捐納年代當較光緒元年為早，想為同治年間（1862-1874）。

又其祖父母及父母於光緒元年獲封贈奉政大夫及宜人，故大夫第當為表彰其祖父及父親能獲大夫名銜而建置，落成時間應是光緒元年之後無疑。惟文頌鑾當時捐納數目無法考究。

第內另有文灼勳於光緒十二年（1886）丙戌科殿試，得中進士，並獲欽點營用守府木匾一幅。至於文頌鑾是否曾獲得「大夫」名銜，第內無制誥可考，故未能證實。

清代捐例始自康熙。其時三藩作亂，各省遍開捐例以資軍餉，事平即止。其後每遇軍興、歲歉、河工，多循往例而行，至清末仍之。然報捐交銀之處，因時地不同：清初捐者自赴軍營交銀；雍正、乾隆年間多由戶部銀庫主持；嘉慶、道光年間則於各

省藩庫交納;咸豐以後,各省自設捐局,而藩臺、糧臺、軍營等皆助理捐務。

清代捐納例定,有實官、虛銜、封典、貢監、分發指定省分、加級及紀錄等。大夫第之文頌鑾捐獲同知銜,實為虛銜,依例當捐納四千二百五十六兩。又據例定,各官若另有捐納者,當給以封典榮親,顯揚其祖,惟只給空銜,與實職官階有別。依戶部定例,文武官員不論已仕或未仕,一二品官捐銀八百兩、三品官捐銀六百兩、四五品官捐銀四百兩、六七品官捐銀二百兩、八品以下捐銀一百兩,均給與應給之封典。文頌鑾捐獲同知銜,為五品之未仕虛銜,其為表揚祖父母及父母所納之捐銀,依例當各四百兩。惟其時官民所納之捐銀是否如定例,則有待考究。

官員為表對長輩之孝心,常將本身封典加至父母、祖父母,乃至曾祖父母身上,稱為「貤封」。但是,貤封必須在許可的範圍內:一品至三品官不得貤封高祖父母;四品至七品官不得貤封曾祖父母;八品至九品官不得貤封祖父母。自嘉慶元年(1796)起,祖父母、伯叔祖父母、伯叔父母、庶母、兄嫂及外祖父母等,皆例得貤封。(詳見《欽定大清會典》,卷一二)

道光以後,捐例大開。道光二十八年(1848),一至三品各官有捐請其曾祖父母封贈者,准照封贈曾祖父母之例報捐;四品至七品官員,均可照常例加倍銀數,報捐請貤封贈其曾祖父母;八品官員以下可捐請貤封其祖父母。

咸豐三年(1853),捐封者有貤封曾祖父母、伯叔祖父母、伯

叔父母、庶母、兄嫂、嫡堂伯叔祖父母、嫡堂伯叔父母、嫡堂兄嫂、從堂再從堂尊長及外曾祖父母、外祖父母、妻祖父母者，均准其按例定品級，一體捐請貤封。婦女如有願為其已故夫之祖或父捐職請封，並為祖或父貤封其先人者，應准呈請。

咸豐十年（1860），三品官員加級請封者，准捐至二品為止。朝廷擬令三品官員按例定一品官員報捐銀數加倍報捐，即准給予從一品封典。其三品虛銜，有報捐從一品封典者，應照實職官員報捐銀數再加五成。二品虛銜捐請從一品封典者，其銀數照二品官員捐請之例，加倍報捐。如有為外姻捐請從一品封典者，應照二三品實職虛銜銀數再加二成，別行捐請。

光緒十一年（1885），京外文職各官以及捐職者，有為祖或父照原職品級追請封典者，准其按照原品一體捐封。各官捐請其父母封典，其本身妻室不得一併開列邀封。如有願請本身妻室封典者，應令另行報捐。[1]

新田大夫第內多幅木匾，觀其文字，作用可分為身份表達及職官表達。正門門楣上之「大夫第」木匾及正廳樑上所懸兩幅前清皇帝制誥木匾，皆為身份表達之用。制誥旁的「欽點營用守府」木匾，則作職官表達之用。屋主人在獲得該身份及職官後出資命工刻造此類木匾，並懸於屋內當眼之處以顯揚其榮譽。

鄉間獲得身份或職官者，可享紳士特權，如：拜會官員時不必行下跪禮；有特殊稱呼——老爺；可穿官服袍子；帽頂上有花狀金頂，上綴寶石（即頂戴）；可參加文廟及官方典禮；可主持家

族祭祖禮；涉訟時不必親自聽審，可派僕從到庭代聽；於賦稅及徭役均享特權……因其享有一定範圍特權，與村中其他階層人士有別，故時人皆羨慕渴求獲得紳士地位。

普通人獲得紳士地位的途徑有二：其一是通過取得功名、學品、學銜及官職，此為正途；其二則以捐納獲取，此為異途。當然，經正途獲得紳士地位者，其所享特權較捐納獲取者為高，且捐納者通常只能出任品級較低的職官。清代前期，朝廷允許捐納的文職只有五品及五品以下的京官或四品及四品以下的外官；武職則只有三品及三品以下的京官及外官。

大夫第屋內牆上懸掛畫像多幅，皆屋主後人出資描繪其祖先的畫像，其目的在表示對祖先的尊敬及懷念，以顯我國敬祖美德。

【註釋】

1　《欽定大清會典事例》，卷一百四十三，〈吏部〉，封贈條。

孝為我國傳統美德，故孝行事蹟屢見於典籍。本港新界等地亦有不少孝行事蹟流傳。新界錦田表揚孝行且留存可考之古蹟，首推水頭村鄧俊元所築之便母橋。此事至今仍為港人所樂道。

錦田十九世祖鄧俊元，字冠常，世居錦田水頭村，年幼喪父，由其母黃氏撫養長成。俊元生性孝順，素為鄉里所稱道。

清初，明遺臣鄭成功據金門及廈門等地抗清。順治十七年（1660），兵部尚書蘇納海定議，實行東南沿海遷界以困鄭成功。時香港、九龍及新界大部分地區，亦悉在遷徙範圍內。[1] 俊元隨母及弟遷居內陸。越七年，朝廷展界，鄧俊元始得遷返錦田故地，定居泰康圍。

康熙四十三年（1704），俊元另遷水頭村，建築新屋。其母及弟彥元則仍居泰康圍。其時，其母念孫心切，每日必一視而後

便母橋

快。惟水頭村與泰康圍兩地相隔一河，常須涉水，俊元便常負母渡河，惟遇潮漲則不能渡。因此俊元篤志節約，積資建橋以便慈母往返。康熙四十九年（1710），橋終建成，命名為便母橋。

據《新安縣志》卷七〈建置略〉津梁條所載：「敬母橋（即便母橋），在錦田村後，康熙四十九年鄧俊元建。」

「便母橋」碑

該橋以六條長形花崗石為面：在河中砌方形石塊為礅，鋪三長石於石礅上，適為河面寬度之一半，再駁以三條長石，便可連接彼岸。橋長約三十餘呎，石質堅固，今仍留存。

橋頭鑿有康熙四十九年所立之「便母橋」碑，文曰：

余祖諱感，字居感。父諱重光，字煒灼。母黃氏，生予兄弟俊元、彥元。不幸幼年失怙，母守孀居，克勤克儉，日夕庭訓。今予長成，娶陳氏，忝生二子：長男棟炳、次男承德。但念世居錦田村，予於甲申年構居故址。因弟未復舊居，仍在隔河泰康圍。母念幼孫，朝夕往來，常誦涉水之艱。於是吾挈力造樑，為母之便，因而名其橋曰便母。若謂廣濟眾人，藉以邀福，非予所敢也。

係福建漳州平和縣人造
康熙四十九年歲次庚寅冬月吉日鄧俊元建碑

此橋曾於 1959 年略事修葺，有「重修水頭村便母橋碑記」立於建橋碑記旁，文云：

竊以修橋整路，固善士之所應為。遇水尋橋，亦世人之所不免。溯自忝公十九世祖諱俊元，字冠常，生平孝幼，閭里見稱。時在清帝定鼎之初，兵燹頻年。公隨母並弟，奉遷內陸，越七年而始返錦田之泰康圍。迨至康熙四十三年甲申歲，亂事敉平，始自行復為水

頭，而母與弟仍駐泰康。當此之時，公母念孫殷切，日必一視而後快。惟是水頭之與泰康，中隔一河。公常背母渡，每遇潮漲，不能過。遂毅然節約，積資建橋，以便慈親往返。越六年方告完成，隨即豎碑留念，並顏名曰便母橋。其孝幼天性，勤儉家風，均足為後世法。但以橋成迄今，屈指八世，橋雖猶存，而碑石已為坭堆過半。每覽碑文，模糊莫辨，因而南山之豹，僅見一斑，使人有滄桑之感。茲為實踐木本水源之義，不負我公孝幼之誠，爰於民國四十八年十一月廿五日，將原碑粉飾一新。並酌增位置，俾行人者舉目而清晰焉，斯亦承先啓後之意云耳。於是乎序。

【註釋】

1　見清舒懋官《新安縣志》，卷十三，〈防省志〉，初遷條。

　　老人生日，親朋戚友向之祝壽，儀式由兒孫操辦。大廳設置
壽堂，張燈結彩。親友敬送壽屏、壽帳（幛）、壽聯、壽畫、壽匾、
壽麵、壽酒等。

　　祝壽儀式伊始，壽星（生日者）端坐壽堂正中，接受兒孫親
友們祝賀。禮畢後於晚間在家或到酒樓宴客，席間必吃長壽麵。

　　一. 屏山鄧氏文物館藏賀鄧母鄭太孺人七衮開一榮壽壽帳：

恭祝晉封正七品孺人鄧母鄭太孺人七衮開一榮壽大慶

恭頌例封七品太孺人宗年伯母大人鄭太君榮壽

粵以護榮堂北，堅增松柏之心；桃熟池西，秀發芝蘭之藥。喜
雲開於絳闕，初見壽星；樂春駐於彤闈，勘酬愛日。

母本滎陽世裔，通德家聲。來觀吉水之型，聿著賢閨之範。樂

羊藉慰其遊學，伯鸞資相以成名。洎夫索連震坎，草方茂乎宜男；固當爻列乾坤，竹無遺乎賭婦矣。何意璋雙輝其疊美，鏡半合而分飛。淚斑湘岸之篁，服素齊城之杞。酸辛自勵，苦己彌貞。書籌折釵股，時勤課於熊丸；盤算析鍼頭，歲阜登於狼戾。既而富微櫛比，吉協包蒙。長君則鹿鳴苹野，早寬荻教之懷；次君則虎嬌芹宮，倍愜穀詒之志。迄今蠟鳳文孫，風清玉樹，卵雛弱息，月皎珠林。

值母生週甲之期，適誕降維申之紀。歡騰製錦，蝦祝稱觴。因周瑜而拜母，冼獻雙魚；陶侃以延賓，壺斛百鹿。謹陳厓略，慶誌海籌云爾。

辛未科翰林院庶吉士年愚姪蓉鏡頓首拜撰並書
郡庠生次男大成孫汝恒榮暉等頓首百拜
同治十一年歲次壬申仲夏上澣穀旦

二．沙田曾大屋內賀曾貫萬八秩開一榮壽壽屏：

恭祝誥授奉直大夫貫萬翁曾世伯大人八秩開一榮壽大慶

蓋聞紅字崖高，丹篆泐延齡之字；黃花山暖，碧桃開稱意之花。是以運啟龍蟠，鍾其靈者碩艾；舒圖虎踞，稟其氣者魁奇。今者駕斟北斗，遙飛延壽之杯；咒祝南天，旋度長生之曲。

若我世伯大人，有猷有守，洵屬令子之克家；無非無儀，兼且相夫之有室矣。緬維大學之家風，條齊為要；思孝經之教術，守身為先。其勤儉以持家，謙恭以處世，誠有不能悉數者。彼夫軒車難

入，自多折節之貴遊；牆屋不修，竟等蕭條之旅舍。荻堪為障，何妨
窺見室家；柳可為亭，不必競高門第。其創業之初，有如此者且也。
東坡之爵肉可損，祁公之麨飯堪怡。曳紫夫人，親操井臼；埋羹太
守，奚事魚肥。白莧紫茄之不厭，三弋五卵之是資。其飲食之儉，有
如此者。至於披敝絮而自如，服弋綈而不顧，鄙錦繡而不施，穿綺
羅而若恥。安居則一席不重，茵茌則十年不改。其服物之樸，有如
此者。

　　吾試觀翁之處世也，四益由於一謙，一功自有二美。下猶上也，
人莫踰之；尊而光乎，善斯可矣。擬田者處境埆以自甘，例漁人取
深潭以予彼。猶之讓茂才以託陽狂，不嘗送牛劓以勵愧恥。其謙以待
人，有如此者。

　　更觀翁之持身也，生於丹穴，而兼照葆光；服仍白衣，而不觸
世網。神同端木，謀本太公。迴天地於掌上，參日月於胸中。其智以
持己，有如此者。他如忠信可為甲冑，禮義可為干櫓。戴仁而行，抱
義而處。謂羈靮為吾家物，敢墜弓裘；詩書為淑世資，仍垂堂構。不
汲汲於進取，不屑屑於科名。以視乞靈陳編、窮年角逐、熱中好爵、
百計蠅營者何如哉！

　　清操飲冰，熱腸飲雪。拯嚉桑之餓，典質忘貧；宏蔭樾之資，
解推必力。里黨咸歌其春及庭樹，乃驗乎冬榮。所以拂座椿萱，長
垂美蔭；環階蘭桂，漸苗新芽。良由家室既芣苢和平，子孫遂椒聊蕃
衍。華封三祝，多壽多男；閟宮一篇，俾昌俾熾。所以壁水有圜橋之
樂，泮水貽采芹之庥。更有情殷王事，艤劾公家。抱孔氏乘田之心，

踵北山賢勞之義。此莫非大德之必壽，厚德之獲福者也。其餘嫻家以禮，睦族以仁；散贍六姻，存恤三黨。園丁佃戶，薄蠲儉歲之租；竈婢廚孃，飽飫侵晨之粥。指陳厚德，足備儀型。

余誼屬通門，能知大概。值高軒之乞簡，搦弱管以摛毫。遙知天姥筵張，麻姑酒滿；恒春樹種，愛日誠舒；長樂花開，春雲永護。九五福曰壽，籌添海屋之延釐；八千歲為秋，算比高山而衍慶。誠為熙朝之人瑞，願譜盛世之元音。是為序。

欽點翰林院編修愚世姪戴鴻慈頓首拜撰

辛未進士欽點刑部主政愚世姪黃家瑞頓首拜書

壬戌恩科補行己未科舉人黃廷章、丙子科舉人方菁莪、甲子科舉人陞授兩廣督標中營左哨二司把總劉漢揚、五品軍功賞戴藍翎陳連捷、壬戌恩科補行己未舉人陳宗器、庚午科舉人姪蘇、廩生賴家衍、姪彭大鏞佐平、庠生楊芳、楊近澧、楊壽鈞、馮汝湘、廖錦彰、鄧春華、李銘恩、成元亨、姪暢槐、六品軍功愚姪楊近鷹、誥授奉直大夫直隸州分州姻愚弟鄧懷清仝頓首拜

時　光緒四年歲次戊寅季春既朔吉日立

沙田曾大屋

壽屏

香港地區的節婦烈女

我國之婦女素重貞節，歷朝皆有立旌表之例，以示勸勵，清朝因之。《清會典》載：「凡孝義忠節者，察實以題而旌焉。京師暨各省府州縣衛，各建忠義孝弟祠一，祠內立石牌；節孝祠一，祠外建大坊。應旌表者題名其上，身後設位祠中。」[1] 婦女之孝義忠節者，可獲建節孝坊旌表，及設位節孝祠內，四時供奉。至婦女之孝義忠節者，當得詳報請旌，朝廷定有例式，以備照辦。

旌表之牌坊，有用石或木料建造，牌坊上之文字，有為官府所賜，亦有於准旌後家人自題。清嘉慶《新安縣志》中載，香港地區的旌表牌坊，有位於上水的「貞秀之門」坊，為監生廖定邦為妻子李氏所立。又有位於屏山的「勁節松筠」坊，為鄧光容為其妻子所立。[2] 二牌坊今已不存，其位置亦無考。

本港地區，前清時屬新安縣，縣屬節孝祠坐落於舊縣城內永

盈街，即今深圳西部南頭城內九街村中山東路。節孝祠原建於清雍正二年（1724），嘉慶十六年（1811）首次重修，自後重修多次。該祠原為一間二進三楹式建築，牆上舊有嘉慶十六年重立牌位碑及光緒十五年（1889）的「重修本祠主位」記。[3] 惜該祠今已廢圮無存。

祠中嘉慶十六年的重立牌位碑上，所載主位凡一百零四名，其中屬香港地區者有下列二十一位，多因夫故守節而被旌表，得入節孝祠奉祀。二十一位孝婦及烈女列後：

明隆慶：
貞女　何氏，嫁龍躍頭鄧仕賡。

清康熙：
孝婦　何氏，大埔何角仲女，嫁龍躍頭鄧兆光，康熙四十五年（1706）題准旌表。

清雍正：
孝婦　何氏，嫁龍躍頭鄧信候。
貞女　廖氏，上水人，許萬屋村萬中道，雍正二年（1724）題旌。

清乾隆：

孝婦　麥氏，嫁錦田鄧策，乾隆七年（1742）旌。

黃氏，嫁龍躍頭鄧衍其，乾隆八年（1743）旌。

何氏，嫁龍躍頭鄧允春，乾隆十年（1745）旌。

侯氏，嫁官涌庠生尹采，乾隆十三年（1748）旌。

黃氏，嫁新田文玥，乾隆十四年（1749）旌。

鄧氏，嫁上水廖葉姬，乾隆十四年（1749）旌。

鄧氏，屏山人，嫁南頭新舖街陳成恪，乾隆十七年（1752）旌。

廖氏，嫁錦田生員鄧遇郵，乾隆十九年（1754）旌。

杜氏，嫁新田文白孚，乾隆二十三年（1758）旌。

陶氏，屯門人，嫁錦田鄧景福。（按：該氏守節年份不詳，亦未有請旌，志籍無詳載。）

鄧氏，廈村人，嫁梅林黃緝偉。（同前條按語）

鄧氏，錦田人，嫁梅林黃學香。（同前條按語）

江氏，大埔涌人，嫁錦田鄧碧峰。（同前條按語）

貞女　鄧氏，錦田人，許屯門陶光鼎。

鄧氏，龍躍頭人，許屯門陶國琬。

袁氏，羅湖人，許龍躍頭鄧德芹。

（按：上述貞女之表旌年代，碑上及志籍皆無記載。）

待旌烈婦　鄭氏，南頭城內人，許屯門陶格。

光緒十五年（1889）之重修碑中載主位凡一百一十四名，惜皆只錄該婦夫君姓名，並無其他資料可供研究，故難考其與香港地區關係。

青龍頭村天后宮貞烈祠

青龍頭貞女墓碑

除上述各節烈婦女外，上水河上鄉舊有上水廖重山為其妻所建之招魂墓。嘉慶《新安縣志》載：「嘉靖三十年（1551），海盜入寇，重山渡海，中流被擒。家聞報，姑鄧氏悽慘欲絕。氏再三勸慰，徑往賊船，請以身為質，縱夫歸，措銀來贖。賊許之。別時，私以頭髮指甲，封固交夫，囑其來贖時，須探的消息，方可下船。夫至細覘之，知侯氏已於當日投海死矣。夫望洋號哭招魂，歸葬於河上鄉，今相傳為招魂墓。」[4]又據新界上水廖氏族譜中載：「七世祖諱德元，號重山，字伯仁……配孺人侯氏。明宏治年間（按當時為嘉靖年間），海賊擄人勒贖。公被擄，姒親到賊船，願以身代，俟夫回家辦銀到贖。賊允之。姒密囑公來時，須探聽消息，並贈以銀指圈一個，毛髮一握。及公來訪，聞先兩夜已赴海死矣。不勝哀恫，遂招魂，以指圈毛髮，葬於河上鄉村側，今呼為招魂墓。」該墓之位置今已難考證，惟侯氏之節烈，及本區先民嘗受寇患之苦，由此可見。

又新界青龍頭村天后宮後山麓，有一貞女墓。墓主之姓氏及里居難考，惟因受奸人所逼，只得以一死存其節。同治九年（1870），官府為之立墓，並待表旌。該墓至今仍存，鄰近居民間有前往憑弔拜祭。墓碑全文見後：

皇清待旌貞女墓碑

同治庚午夏辰，林分尹一鶴書，以汪藩參履仁為貞女徵詩啟，來屬淦為納壙之文。淦素不文，焉敢贅詞？然以貞女大節，又不願辭，

謹將其大概誌之。貞女姓氏不知，里居莫辨。傳聞墜奸人術，逼作青樓妓女。矢志一死，以全其夫，遂葬魚腹於同治庚午六月廿二日。其靈不滅，浮屍於汲水門前。於役諸公，舁於岸旁，謀葬焉。嗚呼！貞女一弱女子耳，其正氣凜烈，橫亙天地間。有鬚眉者，對之抱愧多矣。非巾幗中烈丈夫，焉能若是哉？茲以同治九年六月廿三日，葬貞女於白沙灣之北。淦再拜為銘。

銘曰：光爭日月，女之烈兮。志凜霜冰，女之貞兮。既烈且貞，待褒旌兮。

廣東補用分府鄒邱淦謹泐

委員廣東補用巡政廳林一鶴

幫辦廣東補用藩參軍汪履仁

坐辦汲水門洋藥釐務廣東補用分府周書中

幫辦廣東補用縣左堂孫椿國

惠州府歸善縣廩生李德儀等　仝立

同治九年歲次庚午季夏吉旦

如今，守節及旌表之俗已不復存。惟從上引節孝祠碑文中可知，香港地區居民，與鄰近族姓代有通婚，尤以龍躍頭及錦田之鄧氏、大埔何氏與屯門陶氏為最，惜嘉慶以後情況難考。鴉片戰爭後，香港地區轉為英屬，居民漸受西方風俗所薰陶，因致守節旌表之俗漸式微，至今已不被重視。

【註釋】

1　《清會典》，卷三十。
2　清舒懋官《新安縣志》，卷七，〈建置略〉，〈坊表〉。
3　兩碑皆藏深圳市博物館內。
4　清舒懋官《新安縣志》，卷二十，〈人物二〉，〈節婦〉，侯氏廖重山妻條。

大
埔
新
娘
潭

　　新娘潭，位於大埔尾坑村後山上。自大埔墟乘車，經大美督[1]，再前行約十分鐘，便可抵達。

　　該潭形如一個游水池，約三十五呎闊，三面峭壁，背靠瀑布。近瀑布處水頗深，四周則較淺。注下之瀑布，有四十餘呎高，旱季時像四條銀帶交織，中間為一結所束；雨季時，潭水下注，形如披散婚紗，甚為壯觀。

　　潭之得名，傳說係因其瀑布形如新娘婚紗。但距潭前不遠所立碑記，上刻「新娘橋石碑」，為光緒三十三年（1906）時立。橋既以「新娘」為名，則潭亦以之為名，當無疑矣。彼時西式婚紗尚未流行於我國，故此說當不可信。

　　另據鄉民所告：百多年前，有居大美督者，迎娶新婦於鹿頸。迎娶隊伍行經三擔籮、新娘潭及涌尾古道。是日天氣不佳，

花轎途經新娘潭上方時，狂風大作，新娘與花轎均被吹落潭中。鄉民拯救不及，新娘溺死潭中。自是，該潭遂以「新娘」為名云。此說雖無史籍可考，但至今流傳，故亦錄之以存疑。

新娘潭瀑布上方有一紀念碑。該紀念碑形如一方形長石筆，正中書有「烈士紀念碑」字樣。左右兩旁平面上刻對聯，聯云：「紀昔年滿腔熱血，念先烈萬世功勞。」正面下首紅字數行，上書「各烈士芳名永垂不朽（烈士芳名略）公元一九五一年」。周圍有鐵網圍繞，旁有數張長櫈，供遊人休憩。

自新娘潭向下行，可抵「三渡橋」，又稱「新娘橋。」該橋建於清光緒三十二年（1906），以長形花崗石九條為面，在河中砌方形石塊為躉。全橋共有二躉，兩間上鋪三長石，適為河面之三分一，兩端各駁以三長石，與岸迎接，全長三十餘呎。橋面石質堅固，其中一端三長石現已為三合土代替。全橋至今仍存。橋頭有光緒三十二年所立之「新娘橋石碑」，碑文云：

蓋云：橋之名也，呼為三渡；橋之造也，祈以萬古。熙穰往來，前屢險阻。故集同人，指題幫助。遠則金山，近則桑梓。姓字豎碑，岡陵永固。

（捐者芳名略）

光緒三十二歲次丙午年仲夏月吉日立

上述各古蹟皆存，可供遊賞。

【註釋】

1   編者註：該地舊名大尾篤，2007 年地政總署因應當地村民要求，刊出《香港憲報》，正式稱此地為大美督，後文用今名。

　　清代廣東官府規定，兩廣所屬鐵爐出產之生鐵，必須運往佛
山發賣，違者與販賣私鹽同罪。其時，粵北之鐵，沿北江而下，
在三水沙頭轉入佛山涌；粵西之鐵，則下西江，經思賢滘，在三
水沙頭轉入佛山涌；而粵東潮嘉之鐵，則自韓江、梅江過岐嶺，
下東江至佛山。當時粵地的鐵製產品除供珠江三角洲一帶外，亦
遠銷長江中下游及東南亞國家及地區。

　　清代佛山鐵器加工業甚為發達，該地有數十炒鐵爐，百餘鑄
鐵爐，冶鐵行號十餘，工人二三萬，產品種類甚多，主要將各省
各地爐場煉成的生鐵加工，鑄成鐵鍋（鑊）、農具、鐘鼎等物，
銷售範圍甚廣。炒鐵業分多行，可考者有大鑊頭莊行、大鑊車下
行、炒煉頭莊行、炒煉二莊行、炒煉鉗手行、炒煉催鐵行、打拔
鐵線行等。

道光年間，佛山的鐵器買賣，多集中在明殿公、鶯崗四聖廟、醫靈廟、華豐街、新安街、走馬路、晚市、黃勘街等地。[1] 清代末年，佛山鐵器加工業逐漸衰落，至抗日戰爭期間停頓，從此一蹶不振。如今，在包括現親仁路、蓮花路、燎原路一線以南地帶，佔城區面積一半以上的範圍內，地下多有冶鐵泥模堆積。佛山至今仍有不少與冶鐵業有關的街名，如鑄鉆街、鑄犁街、鐵香爐街、鐵矢街、鐵門鏈街、鐵廊街、模崗里及針巷等。

　　香港新界各大廟宇、佛堂及道觀內，仍存有不少前清佛山鑄造的鐵器，以鐵鐘、雲板（亦稱響板）及香爐為多；道光（1821-1850）以前者，多由萬名爐、萬名老爐、隆盛爐、萬德爐、萬聲爐、正大爐、忠信爐、文名爐及同盛爐等行號所鑄造；道光至光緒間（1821-1908），則以隆盛老爐、萬明爐、萬明老爐、萬聚爐、萬文爐、萬隆盛爐、萬盛老爐、聚勝爐、信昌爐、信昌老爐及廣昌爐等行號產品為多。此等冶鐵鑄物的行號，皆位佛山鎮境內。

　　至清末及民國時期，省城及香港亦開始鑄造鐵

元朗大王古廟鐵鐘

器。故該時期之鐵器文物，已非佛山行號專利，而亦有廣州省城及香港兩地行號出產者，其品質亦較早期佛山各行號產品為優。

　　香港新界廟宇、佛堂及道觀所仍存鐵鐘、雲板及香爐等物，皆為善信用以酬神還願，或為祈求功名顯達、出入平安，或為投契神靈、保合家吉慶。各器物上銘有供奉善信芳名、該物安奉地點、供奉神靈名號、器物重量、建置年代及鑄造行號名稱等信息。

【註釋】

1　　詳見道光十年禪山怡文堂《佛山街略》。

穴窯

「窯」字源於古代燒羊烹製佳餚的洞穴。在新石器時代穴窯基礎上，商周時期已出現有利於火焰上升的圓窯或方窯，其形如灶（火爐），窯室高出地面，呈圓或方形。窯壁上部有弧度，逐漸向內收縮，一般以茅草樹枝等為燃料。

據近年考古發掘所得，本港出土穴窯遺址凡三十餘處，有些單獨分佈，有些則形成群聚。各窯成馬蹄形，由陶泥夯砌成，建築簡單，多散佈濱海沙灘上。此等窯灶，有為燒製蠣灰者，亦有為煮製海鹽用者。此等土窯之建造年代或早於唐宋期間（618-1279），惜邑志並無記錄，故詳情難考。

大嶼山海濱灰窰遺蹟

饅頭窰

根據考古資料，約在戰國期間，升焰圓窰已發展為饅頭窰。其地基須非常堅固，且呈馬蹄形，窰頂呈半球形。饅頭窰由窰門、火膛、窰室、煙囱等部分組成，多以生土夯製，或以磚石砌築而成。這種窰的火膛及窰室連為一體，窰頂封閉，窰底後牆上開排煙孔。後牆中砌豎煙道，排煙孔與豎煙道相通，使煙氣經排煙孔轉入豎煙道排出窰外。

燒窰時，火焰先從火膛噴至窰頂，後倒向窰底，煙氣從後牆內的煙囱排出。稱半倒焰窰。因其外形像饅頭，故名饅頭窰。由於饅頭窰牆壁較厚，產生控制進窰空氣量的抽力不大，故升溫

慢，降溫也慢，燒成時間長，限制了瓷坯的快燒速冷。為減少坯體變形，工匠有意使坯體加厚，因致古代陶瓷器形較渾厚凝重。其後饅頭窰不斷改進，過渡成為龍窰，一直沿用至今。

19、20 世紀的饅頭窰，多被發現於新界地區，主要用作燒製石灰，供建築村屋及農業用肥料之用。其中著者位於香港西貢海下村及上窰村，現皆已重建修復，作歷史文物保存。

香港西貢上窰村的饅頭型石灰窰

1830 年代，廣東新安縣（今深圳地區）黃草嶺人黃發升（又名日華），與多位同鄉朋友南遷至今西貢北潭涌上窰村地，建過路廊及上窰村，又於路旁砌建饅頭型石灰窰一座，生產石灰出售。二次世界大戰後，因本地製造的石灰品質不及進口水泥，該業日漸式微，終被淘汰，村民相繼離去。該村自 1965 年起人煙漸稀，灰窰亦被廢置。1983 年，市政總署古物古蹟辦事處重建修復該石灰窰，使此歷史文物得以保存。

該石灰窰呈饅頭型，內層以磚砌成，外層以石頭加固。內腔圓形，近腰處收窄，以四磚作十字形向內腔伸出。中為通氣口。燒灰原料為從海中取得的珊瑚石塊。工人於窰內腔將石塊自下向上疊起，繼以支架支撐，砌成圓拱形底層，然後於頂部氣口處，加滿珊瑚石塊。完工後，窰工在腔下入口處點火，並以風箱鼓氣，使火不停燃燒，約七日夜，繼將腔下入口及頂部氣口密封，保持內部溫度，經十多天冷卻才開窰取灰。

西貢上窰村

西貢上窰村饅頭型石灰窰遺蹟

該村村民利用富含鈣質的珊瑚和貝殼，燒成生石灰，用作農業用肥料，其加水後即成熟石灰，可作建築材料。燒灰工作多在秋冬乾燥天氣進行。

西貢海下村的饅頭型石灰窰

西貢海下灣東岸共發現四個饅頭型石灰窰，只有兩個比較完整。19世紀初，翁氏於該地建海下村，初時以漁農為業，其後設窰生產石灰，用以建屋，並產木炭，以船運載赴香港仔出售。二次世界大戰後，進出口貿易興盛，本地製造的石灰品質不及進口水泥，故漸被淘汰。1982年6月，市政總署古物古蹟辦事處重建復完該石灰窰，使此歷史文物得以保存。

該處各饅頭型石灰窰與西貢上窰村饅頭窰形狀相同，運作原理亦相同。

打鼓嶺木湖瓦窰村的饅頭型瓦窰群

饅頭型的窰爐，亦可用作燒製磚瓦，供建築村屋。如打鼓嶺區內木湖瓦窰村的瓦窰群，彼時產量之豐，使村莊亦以之為名。

木湖瓦窰村位打鼓嶺木湖村之北，為江氏於光緒末年（20世紀初）所創立。江氏原居廣東惠陽，20世紀初遷木湖瓦窰，建窰燒磚瓦，供鄰近村民建造房屋。此業亦於二戰後停頓。

該村為散屋村，村入口處有瓦窰多座，位車路旁者已被拆除，遺蹟隱約可辨。村旁仍存饅頭型瓦窰三座，因放棄多時，故頂部排氣孔已為植物遮蔽，窰道殘存，仍可供人進入研究。

木湖瓦窰村饅頭形瓦窰頂部通風孔

木湖瓦窰村饅頭形瓦窰膛下出入口

龍窰

龍窰又稱長窰，窰爐從饅頭窰過渡而成，窰爐依山勢傾斜坡度砌築，因斜臥似龍而得名。商代已見使用，初期為陶（印紋硬陶）瓷（原始青瓷）同窰合燒，一般以茅草樹枝等為燃料。至東漢晚期，陶瓷同窰合燒之狀況結束，出現專門燒製瓷器的龍窰。

龍窰採用自然通風方式，以雜柴、松枝等植物為燃料，結構簡單，分窰頭、窰身、窰尾三部分，窰頭設簡單火膛，其餘燃燒室皆在窰身通道內，投柴口設在兩側窰牆上拱腳下，對稱排列。窰內火焰多平行於窰底流動，加上此種窰建在山坡上，火焰抽力大，升溫快，降溫也快；可以快燒，也可以維持燒造青瓷的還原焰[1]。故青瓷及黑釉瓷等優質瓷大都在龍窰燒成。

同時，龍窰窰身長，裝燒面積大，故產量甚高。北宋時期之龍窰，窰身較窄較短。南宋時期，窰身加闊，窰體變長，窰床鋪沙，坡度較小。這種窰爐，明清時期仍繼續使用。如今江西景德鎮仍有宋代龍窰遺址。廣東佛山石灣則存有明代龍窰遺址，現稱南風古灶。

大埔碗窰

早在 15 世紀末 16 世紀初明朝期間，大埔碗窰鄉一帶，因水源豐富，並出產優質瓷土礦，故已有文謝二姓人士經營窰場，製作青花瓷器，以大小碗、杯、碟、壺、燭臺、香爐、硯臺等家庭用品為主。產品除供本地外，亦流通廣東沿海甚至出口至東南亞等

大埔碗窰牛碾遺蹟

大埔碗窰遺址附近散落的碎瓷片

地。雖然清初遷海令窰場一度荒廢，但復界後窰場又漸恢復。清朝乾隆年間，廣東長樂馬氏向泰亨文氏購買碗窰鄉的窰場作坊，繼而進一步拓展生產規模。

該窰為龍窰，共兩窰道，沿山坡而建，窰身長，裝燒面積大，故產量甚高。產品由「合和碗船」載運各地銷售。至清朝中、後葉，碗窰之陶瓷事業已甚具規模，產品行銷至國內江門一帶，此地一度有「海濱瓷都」之譽。至 20 世紀初，因外地進口的陶瓷價錢低廉，碗窰生產品無法與之競爭，該地陶瓷事業逐漸式微，並於 1932 年停產。1947 年後，移居碗窰的村民將窰址改為居所，而作坊遺址終被湮沒。

經過有系統的田野考察及考古發掘，學者證明早在 15 世紀末 16 世紀初的明朝期間，碗窰鄉周圍有一處規模龐大的陶瓷生產場地，面積達數平方公里，估計僱用工匠數百人，全天二十四小時不停運作。此處現存遺址是香港乃至廣東省內最具規模且保存最完好的青花瓷工場。

1995 年 11 月，考古人員在五萬平方米的調查場地，發掘出一組由牛牽動轆轤磨碾瓷土的「牛碾」、十六個以水力推動的碾磨料「水碓作坊」、六個瓷料淘洗池、三個窰爐及多個瓷土瓷石礦洞，惜窰道已被破壞無存。1983 年，香港政府將上碗窰村部分範圍列為「法定古蹟」，在遺址四周圍上鐵網，以作保護，並於鄰近處闢置碗窰陶瓷展覽館，供人參觀研究。

青山龍窰

　　青山龍窰於 20 世紀初期由廣東開平人司徒怒濤興建，是香港現存唯一完整的單一窰道龍窰，全長約 20 米，沿山坡而建，傾斜約 20 度。1950 年代，該窰由佛山石灣陶師梁森接手經營，改名為工合陶瓷廠。

　　該窰位於青山公路 19 咪半近置樂花園山邊，採用木柴為燃料，產品以日常用品為主，其中以灶具、花盆、撲滿（錢罌）、五加皮（酒）樽、水渠管等為多。產品除供本地用外，亦銷往中國內地及東南亞地區。至 20 世紀末，因與鄰近各地窰場產品競爭，本地陶瓷業逐漸式微，最終停產。青山龍窰遺址現已經修葺供人遊賞憑弔。

【註釋】

1　　編者註：指燃燒不完全的火焰，與氧化焰相對。

香港的清真寺

　　香港的清真禮拜堂，俗稱清真寺，為來港印度與巴基斯坦穆斯林所創建，分處九龍尖沙咀、港島半山些利街、灣仔愛群道及赤柱半島赤柱監獄內。

　　最早來港的穆斯林是印度（包括今巴基斯坦）穆斯林，1949年前稱回教徒。1840年鴉片戰爭後，香港成為世界各地人口與各種商品集散地。英人佔據香港後，港府大量招募印巴人來香港工作。這些印巴人有的被編入軍隊，有些則被安置于行政機關，其中有大量穆斯林。

　　最早來港華人穆斯林的歷史，則可以追溯到19世紀70年代。當時雲南穆斯林販運茶葉來港，在香港上環、中環一帶營生。早期來港華人穆斯林多為挑工或做買賣的商人，遊走省、港、澳之間。華人穆斯林大量入港，是從20世紀初開始的。

　　起初來港的華人穆斯林尚未形成社區，他們定居灣仔、銅鑼

灣一帶港口、碼頭、車站附近的窩棚中，與印巴穆斯林一起共用
清真寺。

　　早期來港的印巴穆斯林，多居住在中區半山些利街一帶，後
來則更多以軍人、家屬或商人身份來港定居，主要分佈在港島中
環、上環及九龍尖沙咀一帶。他們沿襲穆斯林生活傳統，定居之
處必然修建宗教活動場所，供每日五次禮拜及日常宗教活動之
用。集體禮拜場所阿拉伯語稱「麥斯吉德」或音譯作「哲瑪爾提」
（寺坊），英文稱「Mosque」，華人稱之為「回教堂」。1945 年後
改稱為「清真禮拜堂」，這個名稱今天在些利街清真寺門匾上依
然清晰可辨。

　　印巴穆斯林舊日聚居地區今已發展，稱摩羅廟街，位於皇后
大道西與荷李活道之間，曾是印巴軍人的營地。20 世紀中葉起，
街道被樂古道穿過，分為摩羅上街（Upper Lascar Row）及摩羅下
街（Lower Lascar Row），商賈雲集，貨品琳琅。摩羅街俗稱貓街，
今為聞名香港的古董文物、藝術品及舊貨買賣集散之所。

香港的清真禮拜堂

些利街清真寺

　　該寺位港島半山區些利街，1849 年建，1905 年重建。門廳左
邊拱形牆上嵌有重建紀念牌，頂上以阿拉伯文寫着「一切讚頌全
歸安拉」，其下以英文記述該大殿始建於 1849 年，重建於 1905
年，又寫有出資者與來自印度孟買的以撒‧埃利亞斯哈吉之名。

正門內有石牆小院。院內數間老房子呈一字排列。

　　其對面為三層高的宣禮塔。塔頂呈圓拱形，尖端處飾有一彎月及一顆星。塔後為可容千人的長方形禮拜大殿。宣禮塔及大殿內外刷成綠色。殿內擺放着時鐘及各種宗教書籍，地面上按順序鋪着禮拜毯。大殿外側東北角為水房，供前來禮拜的穆斯林沐浴用。

九龍清真寺

　　該寺位尖沙咀地鐵站旁，與香港九龍公園毗鄰，是香港伊斯蘭文化中心。九龍半島被英國管治後，駐守當地的印度士兵中的穆斯林申請興建宗教活動場所。1890 年，政府在柯士甸道及彌敦道交界處提供臨時場所。1896 年港府許其在尖沙咀建築九龍清真寺。最初修建的清真寺沿用印度伊斯蘭建築風格，出資人主要是印度士兵及軍官。其時，來清真寺禮拜的不僅有士兵，還有警員、海軍、監獄警衛、船廠警衛、管理員、銀行職員等。他們還成立了伊斯蘭國際信託組織。1976 年，尖沙咀清真寺旁興建地鐵站。1978 年該寺重建，1984 年竣工。

　　新建的九龍清真寺由白色大理石砌成，大殿有球形拱頂，四角有高聳的宣禮塔。該寺樓高三層：一樓簷部有阿拉伯文書法「清真寺」字樣，兩邊窗戶上部為圓拱形。第一層中間為大殿，兩邊設有辦公室、圖書室、會議室及研讀中心。平日，大殿中間擺放桌椅，開放作專題演講用；週五或重大節慶時，則挪開桌椅供

九龍清真寺

禮拜用。第二層設有教室，專供穆斯林兒童及青少年學習宗教知識。第三層是禮拜大殿，供男左女右分開禮拜。

九龍清真寺對面不遠處則是重慶大廈，來自不同國家的小商販雲集於此，其中多有穆斯林。他們常於每週五禮拜時間前往清真寺做禮拜。

赤柱清真寺

該寺位赤柱半島赤柱監獄內，建於 1936 年，供印巴籍穆斯林獄卒禮拜。後因在監獄工作的印巴穆斯林離開，該寺失去其功能，今被廢置。

灣仔愛群清真寺

位港島灣仔麗景酒店停車場旁，為一白色大理石建造八層高大樓，亦為「香港伊斯蘭信託基金會」所在地。其旁為基督教浸信會。該寺原位灣仔跑馬地，與錫克廟相連。1981 年，為擴寬連接香港仔隧道的公路，港府將其遷到愛群道現址。

灣仔愛群清真寺

該寺正門牆上鑲嵌英文及阿拉伯文「愛群清真寺及伊斯蘭聯會」名稱。一樓為幼稚園；二樓為穆斯林禮拜前洗浴潔淨之處；三樓為男性穆斯林禮拜之大殿；四樓為女性禮拜殿；五樓為清真餐廳；六樓為圖書館及免費醫療室；最高兩層則為香港伊斯蘭聯會及香港伊斯蘭青年協會的辦公處。

　　筲箕灣城隍廟，原為筲箕灣福德祠，位港島筲箕灣金華街與
筲箕灣東大街交界，建於清光緒三年（1877），由坊眾集資興建，
供奉福德神與五通神，同時亦供奉觀音及齊天大聖，並祀十殿閻
王。該廟初由坊眾管理，1928年，進行擴建及維修後，交由華人
廟宇委員會管理，1974年，廟委會於廟前興建「城隍廟」立面，
遮蓋原福德祠正門。

　　該廟為單間式建築，城隍廟門額「城隍廟」，門旁聯云：「古
廟重新靈爽式憑開福地，四方永賴恩光普照庇烝民。」門內福德
祠門額「福德祠」上款「光緒乙巳（光緒三十一年，1905）重修」，
下款「歐陽俊書」，門旁聯云：「福兼洪範五，德備達尊三。」廟
內並排分三殿：中殿供奉福德神（土地），配祀觀音及齊天大聖；
左殿安奉十殿閻王；右殿崇祀五通神。每年農曆五月十一、五

筲箕灣城隍廟

福德祠石額石聯

月廿八、七月廿四為城隍誕、二月初二土地誕及五月初五為五通（神）誕，多有善信參拜。

五通神，亦稱五顯神，源自徽州婺源縣。唐末（9世紀後期）當地有五人死後顯靈，宋代時得到朝廷封號。北宋大觀三年（1109）五神皆受封「侯」，封號各有一「通」字，故稱為「五通」。南宋淳熙元年（1174）另得封號，各有「顯」字，故又稱「五顯」。

徽州婺源地區人士認為，五通神有財神能力，且非常靈驗，出門遠行者，多會入廟祈求平安；士人入廟拜神，都會遞上寫着「門生某人謁廟」的名片。徽州商人外出經商時，在其他城市多建造五通神廟。北宋太宗淳化五年（994），台州首現五通神廟；真宗（998-1022）時，福州及蘇州等地亦先後興建奉祀五通神的廟宇。也有到徽州為官者，告老回鄉後，在家鄉興建五通廟。北宋徽宗宣和五年（1123）及七年（1125），南宋孝宗乾道三年（1167）及淳熙元年（1174），五通神多次獲朝廷賜封，各地信眾日漸增多。到南宋淳熙二年（1275），各地可考的五通神廟共有三十五座。唐宋文人對之亦有記載。

宋代五通信仰，有稱五顯、五聖、五道、五盜、五子、五路等名目，以其為財神。據傳云：五代時，有五名結義強盜，靠搶劫為生，後改惡從善，死後被人供奉，且屢顯靈異。因五位強盜十分富有，故被後人當作財神供奉。

另一種說法，謂五通神又名五郎神或五猖神，是五個在南方作祟、橫行鄉野、喜歡淫人妻女的妖怪孤魂之通稱，並不專指哪

一類鬼神。[1]民間常塑造五尊神像，對之供奉牲禮，號稱「五通」，多有崇祀者。

明代時民間另有傳說，謂朱元璋登位後，一天忽夢見陣亡將士渾身血跡乞求撫恤，醒後遂批准五個亡靈為一伍，封為「五通神」，命民間普及祭祀，並在蘇州上方山上建五顯靈順廟，內奉五顯神（顯聰、顯明、顯正、顯直、顯德，合稱為「五顯」），又稱「五聖」、「五通神」、「五路神」或「五路財神」。蘇州人將「五顯」附會成「五通神」，而又將「五通神」等同於財神。相傳每年八月十七日是五顯神生日，是日有借陰債的習俗。據說若從五顯神廟借到陰債，就可望財運亨通，家道興旺。

宋代以來，江南地區社會信奉五通神已久，積習成俗，信徒眾多，內中不乏士大夫之流。此外，女巫廟祝亦常借助神廟大肆擾民，人民不堪其苦。五通神的淫邪神格亦屢受士人批評，卻因其神力能使人致富，信奉者眾，難以禁斷。至清代，在朝廷大力推行禮制改革及查禁異端思想的影響下，地方官禁毀淫祀的行動始較前徹底。

清康熙二十三至二十五年間（1684-1686），湯斌任職江蘇巡撫，對五通神的信仰不以為然，甚至斥為邪鬼，視為敗壞社會風俗的罪魁禍首。在地方士紳支持下，湯斌親率部將至上方山，毀去五通神神像[2]，整頓地方祠廟，另塑關聖帝君像，鎮攝人心，防止五通神淫祀死灰復燃。並藉康熙諭旨，使禁淫祀令持續推行，更推廣到直隸及各省，「海內五通廟悉行毀」，很大程度抑制了

江南五通神信仰。[3]

　　如今，本港筲箕灣城隍廟右殿仍崇祀五通神，居民以其能輸送金銀、使人致富及助人避禍降福，遂供奉不絕。[4] 佛山三水江根村昆都山亦有五顯廟，創建年代無可考。今所見者，為清乾隆十九年（1754）重建，1948 及 1994 年重修[5]，想為清康熙間（1662-1722）禁毀後所重建。

五通神像

【註釋】

1   明陸粲《庚巳紀》（北京：中華書局，1987 年），頁 51-55。清蒲松齡《聊
    齋志異・五通》：「南有五通，猶北之有狐也。然北方狐祟，尚百計驅遣之，
    至於江浙五通，民家有美婦，輒被淫占，父母兄弟皆莫敢息，為害尤烈。」
2   清褚人獲《堅瓠八集：毀淫祠》：「蘇俗酷尚五通神，供之家堂。楞伽山鼓
    樂演唱，日無虛刻，河南湯公撫吳，嚴為禁止。乙丑九月公往淮上，值神
    誕，畫船簫鼓，祭賽更甚於昔。公歸聞之，立拘僧至，將神像沉於河。茶
    筵款待，一概禁絕。」
3   清湯斌《湯子遺書》，卷一至四及卷二十九，《文淵閣四庫全書》（臺北：臺
    灣商務印書館，1983 年），冊一千三百一十二。
4   借陰債的習俗至今仍存。
5   詳見該廟外牆上的重修碑。

茶果嶺天后古廟內的「李準先人之神位」

香港觀塘茶果嶺天后古廟左殿四山公所辦事處內，有李準牌位一座，牌位木主上刻「李準先人之神位」，其旁無上下款或豎立年份。

18 世紀末，客籍人士遷入香港觀塘茶果嶺、牛頭角、茜草灣及鯉魚門一帶定居。此等早期居民多為石匠，以採石為業。鄰近四處紳耆，合組「四山公所」，管理該地採石事業。當時四山設有四山治事所，位於茶果嶺天后廟偏殿，名為四山公所，辦理四山各村一切事務。時官方於每「山」（村）委任一「頭人」，合稱「四山頭人」，管理該區，並代收稅。據云，清光緒十七年（1891），觀塘地區石商爭訟，適遇李準巡視。李準先捐款重修茶果嶺天后古廟及四山公所，繼於翌年將牛池灣至鯉魚門一帶沿岸土地，批售與四山以外商人何立凡（Ho Lap-fan，音譯），使其擁有沿岸

碼頭，並從運輸石材的船隻獲得稅收。後人感李準之恩，特為其設立神位，永遠供奉。事見載於 1999 年 Dr. P. H. Hase 所撰 *The Cultural and Historical Heritage of the Lei Yue Mun Area: a Report for the Antiquities and Monuments Office* 及 2009 年梁炳華所著《觀塘風物志》。

然而 1891 年，李準年僅二十，未獲功名，亦未從政，此事或為其父所為。傳聞說當時李準擔任兩廣總督或廣東水陸提督，皆誤。又其神位木主上刻「李準先人之神位」，既稱之為「先人」，當為其死後所立。李準歿於 1936 年，則該木主應立於是年之後。至於立神位者為何人，則有待考證。

茶果嶺天后廟

李準（1871-1936），名繼武，派名新業，亦名木，字直繩，又字志萊，號恒齋、默齋，別號任庵、平叔。四川省鄰水縣太安鄉太安里柑子舖李家壩（今柑子鎮水溝桅子灣）人。清同治十年（1871）二月初六日子時生。李準生於官宦世家。其父名徵庸，字鐵船，光緒三年（1877）丁丑科進士，曾任南海縣令，官至欽差督辦四川礦務商務大臣，頭品頂戴，三品卿銜。

李準十七歲時，隨父宦遊來粵，對粵省風土人情相當熟悉。光緒二十一年（1895），其父以其兩次應試不第，為其捐監生，獲同知銜，候補道員，分詣廣西試用。是年冬，湖廣總督張之洞委其辦理湖北賑捐，李準因此備受賞識。光緒二十二年（1896），

茶果嶺天后古廟左殿李準塑像及神位

歸知府班補用。光緒二十三年（1897），李準兼辦四川、順直、安徽、湖北賑捐，勸辦江蘇徐淮海及山東黃河賑捐。湖廣總督張之洞、湖北巡撫譚繼洵，以其辦賑出力，請旨賜加三品銜，並佩戴花翎。光緒二十四年（1898），賞戴花翎及三品銜，分發廣西候補知府，以知府仍留原省，歸候補班補用。八月任梧州通商提調，充廣東官錢局提調，委署梧州府知府，以改省不能赴任辭之。光緒二十五年（1899），仍充廣東官錢局提調，兼充廣東海防善後局提調及廣東省釐金局總辦，兼辦各省賑捐，以道員交軍機處，遇缺題奏。光緒二十六年（1900），李準獲委任廣東營務處會辦。

光緒二十七年（1901），李準胞弟李戴清報效山東、江蘇工賑銀共四十萬兩，移獎其兄。朝廷照所請，着以道員交軍機處存記，遇缺題奏，賜加二品銜。光緒二十八年（1902），李準獲兩廣總督岑春煊賞識，由文入武，任廣東巡防營統領，統巡各江水師，留粵委充巡察各江水師差使，兼統粵義軍，仍兼管釐金局及營務處，奉旨賞頭品頂戴。

光緒二十九年（1903），因鎮壓洪全福等起事，李準獲授南澳鎮總兵，仍充巡各江水師及營務處，全辦各差，賞頭品頂戴及「果勇巴圖魯」稱號，着交軍機處存記，遇有道員缺出，請旨簡放。光緒三十年（1904），仍充統巡各江水師，兼統中東西北防營營務處總辦、京漢鐵路工程局總辦各差。光緒三十一年（1905）四月十五日，獲慈禧太后及光緒皇帝於頤和園仁壽殿詔見，着開去

道員，以記名總兵見用，署理廣東水師提督，兼南澳總兵，賞「長壽」字一方。六月初一日，補授閩粵南澳鎮總兵，仍署理廣東水陸提督。是年冬，陸路提督李福興開缺，命李準兼署。準以南堤天字碼頭為行轅，高架無線電臺，收集革命黨人消息。

光緒三十二年（1906），仍署水師提督兼陸路提督。五月，水陸歸併一缺，朝廷以薩鎮冰補授，李準仍署理水陸提督。光緒三十三年（1907），仍署水陸提督。六月調署北海鎮總兵，督辦廉欽軍務，廣東水陸提督着秦炳直署理。十二月，仍將水陸提督分而為二，廣東水師提督着薩鎮冰補授，仍着李準署理，秦炳直補授廣東陸路提督。是年，李準率船艦巡視西沙諸島。光緒三十四年（1908）正月，李準接水師提督印，受命收復東沙島，事成。是年秋，德皇威廉二世贈送冕旒寶星勛章一座，朝廷准其收受佩帶。宣統元年（1909）三月初，李準率官兵查勘西沙十五島，並奏請朝廷開發西沙。六月二十九日，補授廣東水師提督，並蔭其長子桓為一品蔭生。

宣統二年（1910），李準率部鎮壓潮州黃岡起義及廣西欽廉起義。因長期率部鎮壓革命，李準多次遭受革命黨員行刺。宣統三年（1911），革命黨發動黃花崗起義，李準率部鎮壓，遭兩廣總督張鳴岐猜忌，因懼被迫害，遂轉而支持革命，秘密與胡漢民聯絡。十月初六日，準獲委署理兩廣總督，會同三品京堂候補梁鼎芬，規復粵省事宜，又查辦張鳴歧潛匿租界事。是年十月，辛亥革命爆發後，李準率部響應，迎接胡漢民往廣州就任都督，並

說服陸軍提督秦炳直投降，廣東全省得兵不血刃而宣告獨立。事後，李準因此前殺害眾多革命黨人，故不見容，部分民軍統領誓言必為死友復仇，且下令伺機暗殺之，粵督胡漢民欲止不能。準遂留書漢民辭行，悄然赴香港。

1912年，李準奉袁世凱電召，往北京任高等軍事顧問。10月20日，獲授陸軍中將銜。1913年8月14日，授陸軍中將加上將銜、廣東宣慰使，李準辭而不受。又奉命為四川宣撫使，以「如必帶兵入川，川中又多一二支客軍；不帶兵反為人所制，仍於事無濟」，乃具呈辭職。1915年，袁世凱令其為陸軍混成模範團副官。李準借赴粵和解各獨立軍矛盾之機，毅然離袁去港。1916年，李準隱居天津，以研習書法、撰寫劇本度日。晚年成書法名家，曾為《大公報》題寫報名。

1917年二月，與陸榮廷同進京，晉謁大總統黎元洪及總理段祺瑞。奉命授為直威將軍。1923年夏，獲吳佩孚聘為直魯豫巡閱使署高等軍事顧問。1924年九月，吳佩孚稱討逆聯軍總司令，仍聘為高等軍事顧問。1925年，吳佩孚聘其為討賊聯軍總司令部參贊。1926年七月，浙閩蘇皖贛五省聯軍總司令孫傳芳命其為援粵海陸軍招撫使。十月，直魯聯軍總司令張宗昌聘其為軍事參贊。1936年十一月初九日，李準卒於天津，終年66歲。

李準除從政外，特別重視文化生活。士林對其書法甚為讚賞。其於大小篆書、隸書（石門頌體）、楷書、甲骨、鐘鼎及兩漢碑刻，均有不俗造詣，為時人所喜愛。著述有《廣東水師國防要

塞圖說》、《李準重翻航海記》（於加拿大僑報《大漢公報》1933年10月1日至10月4日頭版連載）、《粵中從政錄》、《廣東革命大事記（《廣東革命史》）、《任庵聞見錄》、《任庵自編年譜》、《任庵臨池謄稿》（二十冊）、《古籀類編》（十二卷）及詞曲多首（《玉琴緣》、《畫中緣》、《棒打春桃》、《拾金不昧》等）。

據任庵自訂年譜載：李準妻黃氏，未生之先即指腹為婚者，光緒十三年丁亥（1887）成婚。後又娶妾張氏及閻氏。李準育三子十三女：長子相枚，名桓，字景武，光緒二十二年（1896）四月二十七日生於粵垣之天平街；次子相度，民國十三年（1924）七月二十八日酉時生於天津寓所；三子相普，字趙卿，民國十八年（1929）七月十六生於泰華里3號本宅。長女菊蓀，光緒十五年（1889）七月廿七日生於香山縣署；次女梅蓀，光緒十七年（1891）冬十二月十九日生於海陽縣署；三女芝蓀，光緒二十年（1894）十月二十七日生於廣州華甯里寓；四女蕙蓀，光緒二十七年（1901）正月初五日生于粵垣天平街寓所；五女如碧，民國六年（1917）十二月初十日生於天津英租界廣東路本宅，民國八年（1919）二月殤，葬於浙江義園；六女如瑾，實為晚清狀元夏同龢之女，李準義女；七女情況不詳；八女如璧，字靜儀，民國七年（1918）十二月初十生於天津法租界泰安里11號本宅；九女如璋，字靜嫻，民國九年（1920）年四月十三日生於泰安里本宅；十女如琇，字靜婉，民國十年（1921）十二月初二生於泰安里本宅；十一女李小五，民國十四年（1925）冬月十二日生於泰安里本宅，民國十五年（1926）

四月殤；十二女如瑩，民國十六年（1927）二月二十三日生；十三女如瑜，又名李桄，民國二十一年（1932）正月十九日生。

1968年12月22日李準之妹於香港逝世，享年八十餘，其夫陳樹階（與陳維周兒子陳樹鍇名字差一部首）為著名華商，二人合葬香港仔華人永遠墳場。

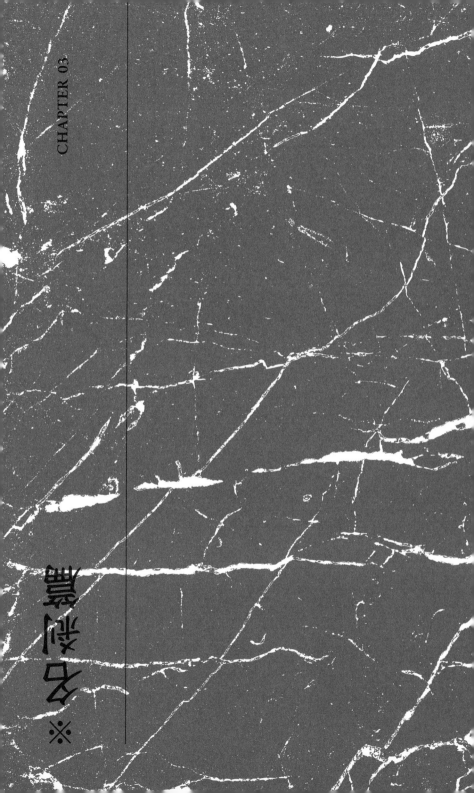

CHAPTER 03

香港新界屯門青山山麓，有青山禪院，世傳其為千年古剎，
然該禪院實創建於 1928 年。其地舊有杯渡庵，惟早已廢圮，遺
蹟難考，雖世代重建或修葺，但亦數易名稱。本文目的，着重考
證該地梵剎興替及杯渡庵與青山禪院之間關係。

青山位於今新界屯門，古稱屯門山[1]，亦稱杯渡山[2]、瑞應
山[3]及聖山[4]，英文作 Castle Peak（堡壘山）[5]，高一千九百零六
呎，遠觀青葱秀拔，因而稱之為青山[6]。青山山腰處，有青山禪
院，自山腳沿車路登山，經挹曉亭，越「香海名山」牌坊，約十數
分鐘，可達該寺山門。

杯渡禪師與杯渡庵

青山歷代皆有名剎。東晉時，有南越人鄭姓者，於隆安年間

青山禪院山門牌坊

青山禪院

（397-401），師事梵僧昆尼多流支，旋披剃出家，法名道朗，適耆域、杯渡二僧至，與共遊，其後於南山建普渡寺。求那跋陀羅、菩提達摩、昆尼多支等諸聖者，亦先後駐錫於此。後人因名該山為聖山。[7] 劉宋間，為悼念杯渡禪師之曾駐錫其地[8]，遂於聖山北腰建杯渡庵，或稱杯渡寺[9]，該山亦稱杯渡山。隋代改杯渡寺為普渡道場。唐代改稱雲林寺。[10] 北漢乾祐八年（955），屯門鎮同知陳延命工雕製杯渡禪師像，於杯渡山供奉。大寶十二年（969），南漢主劉鋹敕封杯渡山為瑞應山。[11]

由佛而道的青雲觀

杯渡庵於隋代曾一度改作道觀，幸於唐代恢復作佛寺。而至宋代，該地再被闢作道觀，至民國初年仍之。

宋徽宗宣和元年（1119）詔改此寺作斗姆宮，逼僧眾易道服居住。元代改為青雲觀，明代仍之。[12] 清初因沿海內遷，該地曾一度荒廢，復界後仍用舊名青雲觀。道光二十二年（1842）當地士紳重修該觀，刻石額及鑄銅

斗姆像

鐘以紀其事[13]，並與屯門陶氏善信題助田租，作為香火開支[14]。陶氏每年亦於觀內舉行開燈儀式。民國初年，青雲觀仍為道場，時人稱之為斗姆古廟[15]，中奉斗姆及王靈官二神[16]。

顯奇法師與青山禪院的創建

顯奇法師，俗姓陳，名春亭，原籍福建漳浦，初至香港，經營實業，惟深信佛法，始設齋會於香港油麻地。遂與伙伴張森泉皈依佛教，茹素修行。一日，二人同遊青山，夜宿斗姆古廟，「夢山頂白雲有佛，冉冉降摩其頂」。醒後，以其地可作修行之所，遂移居焉。二人於「廟旁躬自荷鋤闢徑，並邀友好籌資建寺」。[17] 其時，該地本屬屯門陶耀東、陶喜廷、陶殿貴及陶堂興等人產業。業主以陳春亭為「正經慈善之人」，遂於 1914 年，將「青山杯渡寺青雲觀廟宇，送與陳春亭主持，供奉神佛。陳春亭即補回公用銀叁佰六拾大圓與陶姓眾等收接支用。其寺觀一概歸陳春亭主持司祝，任由重修整造。凡廟中所有四圍物產，亦歸陳春亭管理，每年收租納糧。」陶氏同意「陶姓不得借端勒索，改換主持」。而陳春亭則不得「將寺觀司祝，私推與別人」。[18]

1918 年，陳春亭往寧波觀宗寺，受戒於諦閒老和尚，歸天臺宗派，法號顯奇。後回歸青山，於青雲觀旁築三寶殿、韋陀亭，繼於杯渡巖設藏經樓，隱居其中，潛研佛典，號其寺曰青山寺，並重修青雲古觀。[19] 1920 年，青山寺建成，青雲觀重修亦竣工。開光之日，屯門陶氏贈送牌匾祝賀。[20] 自後，每逢農曆元宵

節，陶氏於寺內及青雲觀內舉行嬰孩誕生之點燈儀式，該俗至今仍存。[21]

1933年，張純白赴廈門，拜虛雲和尚為師，法號了幻。返港後，致力興建齋堂僧室，悉力發展青山禪院。[22] 經兩位法師悉心經營，青山禪院遂有今之大雄寶殿、韋陀亭、地藏菩薩殿、青雲觀、海月亭、方丈室、居士林、觀音閣、山門及牌坊等建設。而今中西人士喜幽棲者，多前往遊觀焉。

青山禪院的名勝古蹟

挹曉亭

自青山山腳登山，抵青山佛教學校，再上行，便抵挹曉亭。此亭為何曉生先生所建。[23] 因體諒遊人登山之苦，加建此亭供人小憩。亭內有石檯石椅。亭旁有主持顯奇及監院修如所立之挹曉亭記碑石。[24]

山門牌坊

過挹曉亭，繼登山，約數分鐘，可見山門牌坊。牌坊正面為港督金文泰爵士所題之「香海名山」[25]，背面為鐵禪法師所題之「回頭是岸」[26]。兩題刻各有其寓意，從其筆意可見二人對中國書法皆有相當造詣。

青雲觀

青雲觀位於青山禪院大雄寶殿旁，依山建築，內分兩層，底

挹曉亭

青雲觀

杯渡巖及杯渡禪師像

層供奉觀音大士，為前殿；登石階至高層，前為天階，背後為正殿，中奉斗姆像[27]，其旁為王靈官像[28]。觀內有長木魚一尾，壁上嵌有道光二十三年（1843）屯門陶氏善信題助田租細目碑記[29]，觀內又有道光二十二年（1842）年重建該觀時所鑄之銅鐘一口及1920年青山禪院落成開幕紀念木匾。

杯渡巖及杯渡禪師像

由禪院大雄寶殿右旁拾級登山，可達杯渡巖。此巖又稱石佛巖，舊稱瑞應巖，巖前有一石壇，壇後有五代時雕造之杯渡禪師像，該像刻工不佳，而神態端凝，面部簡樸，形制古樸，自成一格。

「高山弟一」新碑

「高山弟一」四字，原刻於青山頂石崖上。1919年曹受培摹拓舊碑，命工鑿石摩刻，置杯渡巖旁，並撰文詳釋其事，勒石於四字旁。[30] 惜該四字近年竟被塗改，真蹟只隱約可辨。[31]

「高山弟一」題刻

「高山弟一」題刻，位於青山頂石崖上，世傳為韓愈路經屯門時所遺墨寶，蓋因四字旁有「退之」二字故。惟據許地山先生所考，題刻者實為錦田鄧氏先祖鄧符。其人北宋年間宦遊屯門，摹韓愈書法「高山弟一」四字，命工刻於青山之巔。[32] 題刻日久剝落，今已難辨認。

「高山弟一」碑

韓陵片石亭

由青山禪院後山路登山，約半小時，可抵一亭，名韓陵片石亭。亭北有一石碑，上刻馮秉華於 1927 年所撰青山遊記。[33] 該亭之命名，本為紀念韓愈遊屯門、登青山之頂且題刻「高山弟一」四字。惜其後經考證獲知該題刻係宋人鄧符所題，致使該亭原義全失。但從該亭可俯瞰屯門全景，仍不失為一名勝。

顯奇法師圓寂後，了幻法師以當家名義主持寺務[34]，達安法師繼任住持，再傳夢生法師，繼傳國華法師。惟國華法師的合法地位未獲官方承認。

近年，青雲觀與該寺大事修葺，面貌一新，上述各古蹟仍存。惜杯渡庵遺址，至今仍未尋獲。

【註釋】

1　《新唐書》，卷四十三下，〈地理志〉引唐代賈耽《古今郡縣道四夷述》，廣州通海夷道條云：「廣州東南海行二百里，至屯門山。」是則屯門山之名，早於李唐間已見運用。

2　清陳伯陶《東莞縣志》，卷四十，〈古蹟略四〉，杯渡庵條，引宋代蔣之奇《杯渡山詩並序》謂：「廣州圖經：杯渡山在東莞屯門界三百八十里。書舊相傳，昔有杯渡師來居屯門，因以為名。」是則杯渡山之名，於趙宋間已被使用。

3　《東莞縣志》所引宋蔣之奇《杯渡山詩並序》載：「所謂屯門者，即杯渡山也……偽劉大寶十二年已巳歲在二月十八日，偽封瑞應山。」可見該山之名瑞應山，始自大寶十二年（969）。

4　因該山曾為杯渡禪師等聖僧駐錫之所，故名之曰聖山。明清輿圖上多以聖山名之。

5　因山頂遠望狀如堡壘，故英人稱之為堡壘山 Castle Peak。

6　「了幻大師傳」碑云：「……乃偕老和尚漫遊新界，至屯門杯渡山，……以其山松柏叢生，蔥翠遍野，故改其山名為青山。」

7　唐德源和尚《春山老人石堂集》，〈道朗法師碑文〉。詳見筆者《香港之三大古剎》（香港：顯朝書室，1977 年），〈大光法師序〉引文，頁 6。

8　清舒懋官《新安縣志》，卷十八，〈勝蹟略〉載：「杯渡山，海上勝境也。昔宋杯渡禪師住錫於此，因名。」

9　林大魁《青山禪院大觀》引陳伯陶《遊屯門青山贈陳春亭居士詩》所附小註云：「山有杯渡寺、青雲觀，久廢，居士為之重葺」，頁 50。

10　《香港之三大古剎》，頁 6-7。

11　清舒懋官《新安縣志》，卷二十三，〈縣文志二〉，又及清陳伯陶《東莞縣志》，卷四十，〈古蹟略〉皆載蔣之奇《杯渡山詩並序》，中云：「所謂屯門山，即杯渡山……有偽劉大寶十二年己巳歲在二月十八日，偽封瑞應山，勒碑在焉。碑文刻漢乾祐八年歲次甲寅，關翊衛副指揮，同知屯門鎮檢點、防遏石靖海都巡陳延，命工鑄杯渡禪師之像，充杯渡山供養。」

12　《香港之三大古剎》，頁 6-7。

13　大門石額陽刻橫書「青雲觀」，右旁直書小字「道光己丑初秋」，左旁直書小字「六安張大凱題」。銅鐘銘文云：「風調雨順，國泰民安。沐恩信紳南海譚心翼，虔鑄洪鐘壹口，重叁佰觔，敬酬青雲觀斗姥殿前，福有攸歸。道光二十二年歲次壬寅孟冬吉旦。佛鎮萬盛老爐造。」

14　青雲觀內壁上有道光二十三年（1843）之「送田芳名碑」。該碑中載屯門陶

氏善信題助田租細目。

15 「了幻大師傳」碑中載：「……乃偕老和尚漫遊新界，至屯門杯渡山，喜見雲山蒼蒼，弱水盈盈，夜宿斗姆古廟中……」該碑刻於 1958 年，可見其時，該道場仍稱斗姆古廟。

16 斗姆，又稱斗姥，道家之北斗，本生真經稱其名為北斗九真聖德天后。據傳，若誠心禮拜斗姆，稱念其名號，便可消災滅禍，延生得壽，獲福無量。斗姆生九子，長子為天皇（勾陳）大帝，次子為紫微大帝，其餘七子名貪狼、巨門、祿存、文曲、廉貞、武曲、破軍，即北斗七星。內中文曲及武曲兩星，民間信仰其為掌握功名之星神。王靈官：道教護法神，為火府天將，位居二十六天將之首，民間以其為天上人間糾察之神。

17 詳見「了幻大師傳」碑。拙輯錄《香港華文碑刻集・新界編（一）》（香港：顯朝書室，1993 年），頁 73-75。

18 詳見 1914 年 9 月 21 日陶堂興等立送帖。

19 詳見「了幻大師傳」碑，《香港華文碑刻集・新界編（一）》，頁 73-75。

20 該木匾上題「道院重光」，為屯門陶裕慶於民國九年庚申（1910）恭賀陳春亭、張森泉兩道長重建青山禪院工竣。

21 陶氏每年正月初十至十五期間，於青雲觀內舉行點燈，祝賀該族男丁之誕生，蓋欲使其子弟能獲斗姆及其眾子保佑。詳咸豐九年（1859）陶錫光錄之瓜瓞綿長，頁十二。青山禪院建成後，陶族亦於寺內點燈，蓋亦欲其子弟獲得佛祖保祐故。青雲觀及青山禪院內新春點燈之俗，至今仍存。

22 詳見「了幻大師傳」碑，《香港華文碑刻集・新界編（一）》，頁 73-75。

23 何曉生先生即何東爵士。

24 《香港碑銘彙編》，第一冊，頁 511。

25 港督金文泰（Sir Cecil Clementi）爵士，對中國文物素有濃厚興趣，於政務羈身之餘，曾於 1927 年 6 月及 1928 年 3 月，二度遊覽青山，對青山的風景名勝甚為讚賞，於 1929 年，立「香海名山」牌坊於青山寺路上，以為紀念。

26 鐵禪，法號心鏡，廣東番禺夏茅鄉人，俗家姓劉，名梅芳，號鐵禪和尚，擅結交權貴，抗戰期間曾附敵，戰後被斥為「奸僧」，1946 年 6 月，以漢奸罪判獄十五年，九月病死獄中，年八十一歲。1942 年 4 月，鐵禪曾來港宣揚佛法，進行「和平」活動。

27 該神像為四面、三目、八臂、盤膝坐蓮花上，正中兩手合十，其餘六臂分執日、月、鈴、印、弓、戟等物，十分威武奇特。

28 其像威武兇猛，臉紅如火，兩眼圓睜，額正中有一目，口生獠牙，虬鬚怒張，身披金甲，右手執鞭，左手掐靈官訣，腳踏風火輪，貌甚威武。

29 碑文詳《香港碑銘彙編》，第一冊，頁 97-98。

30 曹受培，號青山漁隱，居屯門青山山腳晴雪廬，於青山絕頂，獲「高山弟
一」題刻，因其旁有「退之」兩小字，遂疑為韓愈手筆。曹氏繼於榛叢中，
獲清嘉慶己卯（嘉慶二十四年，1819）黃椰川題碣詩，一併重刻「高山弟一」
新碑旁，供遊人欣賞。黃椰川題碣詩及曹氏序文，詳見《香港碑銘彙編》，
第二冊，頁456。

31 該四字之「弟」字，現被塗改作「第」字。

32 許地山〈香港與九龍租借地史地探略〉，文見《廣東文物》，卷六。

33 碑文見拙輯《香港華文碑刻集·新界編（一）》，頁71-72。

34 詳見「了幻大師傳」碑，《香港華文碑刻集·新界編（一）》，頁73-75。

坪輋長山古寺

　　長山古寺，位新界北區坪輋區禾徑山麓，創建年代難考。傳聞古寺原本位於海拔更高處，其今址較舊址為低。據傳，該寺於前清年間，由四位僧侶向村民購地興建。亦有人稱，古寺於18世紀中葉由沙頭角及打鼓嶺附近六村合力興建。可惜兩說均無法考證。該寺曾於同治七年（1868）重修，後於1998年初進行修葺維護，1999年竣工，遂成今貌。

　　該寺規模不大，分前後兩進，後進比前進地勢高，正中為主殿，左右為偏殿。據云，當年過往行旅常居於左右偏殿。該寺正門上刻「長山古寺」，門旁聯云：「長亭惜別，古道瞻歧，雨笠塵襟人日日；山鳥吟春，寺花送曉，煙鐘風磬我年年。」上聯寫行旅跋涉之苦，下聯寫寺僧清修之樂，意境清新絕妙，頗為出世。

長山古寺

　越寺門，見韋陀尊者神龕，繼入天階，拾石級而上，便抵正殿。殿內供奉「佛王爺爺」、觀音、地藏菩薩，又設歷任住持法師神位，龕旁對聯云：「有意燒香，何須遠朝南海；誠心禮佛，此處即是西天。」

　正殿左右有偏殿，現為管寺者佔用。右殿左壁上嵌有同治七年（1868）十一月立古碑一幅，全文甚為模糊，加以殿內無窗，光線不足，故未能抄錄。左殿內懸乾隆五十四年（1789）銅鐘一口，上刻「沐恩各鄉眾信弟子，虔具鳴鐘一口，敬酬長生菴佛王爺爺案前，永遠供奉，福有攸歸，乾隆五十四年季秋吉旦立，萬聚爐造」。鐘上所刻「長生菴」三字，未知是否長山寺於清乾隆年間

三寶佛像

長山古寺古鐘

的原名。抑或此鐘本為另一廟庵所有，後遷懸該寺，有待考究。

而正門及殿內神像兩旁所懸之二對聯，中有曉諭行旅及描述古代驛使僕僕風塵的文句。據前千華蓮社大光法師告知：漢代寺宇多為衙廨所在，後每逢西域梵僧到來，便以寺為別館宿僧，遂漸為僧人所專用。為維持長久計，寺廟多設有屯田（亦稱道田）、郵遞事務，僧俗共理。寺僧須照顧郵務人員的飲食起居。長山古寺，亦是古代遺留下來的驛館舊址，與廣州五羊驛館、大庾嶺紅梅驛館以及海外四夷驛相銜接，屬南夷郵，委名為法曹的官吏管理。[1] 又據守寺老婦相告，寺廟所處山坳本是該區人士往返深圳的通道，北上赴試者多經此地，故此坳當年行旅頗多。

古寺前任住持幻空法師善醫術，自羅浮山移錫於此，以醫藥解病，以佛理斷執，法雨遍施，深受鄉民愛戴。及後，法師以該寺交付皈依弟子孔好攝管，自身則駐錫妙覺寺弘法。孔氏守寺越半世紀，往生後由其媳葉氏主理。平日附近鄉民常來禮佛。每年七月十五日盂蘭盆節，該寺均延請法師主持法事，辦素齋宴，各處信眾聚集禮佛，十分熱鬧。

【註釋】

1　見拙著《香港之三大古剎》序。

大嶼山薑山觀音寺

　　大嶼山觀音寺，位於薑山[1]之上。該廟本為一道觀，原名蓬瀛古洞，依山建築，首建於宣統二年（1910），供奉道家諸聖。開山者為葉善開女修士，又名東姑，原是先天道信徒。初時，洞內女修士俱依先天道制度。迨1940年，葉東姑去世。1941年，廟內張三姑、蕭六姑及淨觀女士，正式皈依寶蓮寺筏可和尚為三寶弟子，由此改先天道制度為佛教制度。1942年，歸容姑住持當家。1951年，有海山法師由國內來港，到大嶼山觀音寺，各女眾等奉為住持。1953年，寺院門面重修。舊日蓬瀛古洞橫額及對聯三副，盡皆移去，新題門匾為「觀音殿」，殿內供奉觀音大士，鄉民稱之為「觀音廟」。

　　該寺山門處立一牌坊，正面上刻「聖域同登」，左鐫「普門」，右鐫「覺路」。牌柱正面上刻1968年戊申6月所立對聯，聯云：

觀音寺門樓

「寶刹重輝，照見五蘊皆空，莊嚴淨土；慈航普度，接引眾生離苦，方便法門。」背面為「回頭是岸」，左旁「圓通」，右旁「自在」。背後聯云：「凝翠韜光，包容山色；晨鐘暮鼓，遠應潮音。」

　　牌坊後有開山祖葉善開女士之墓，墓碑上刻：「乙卯年吉日立，蓬瀛古洞開山祖葉善開壽塋」。又按：民國乙卯年為 1975 年，而葉善開卒於 1940 年，可見此為重修碑。

　　自山門沿小路上行，約五分鐘，便抵佛殿。該殿建於 1968 年。舊日門額「觀音寺」三字，門旁對聯：「山水音清，雲中一磬；煙霞彩煥，天外三峰。」門額與對聯出現於藏經樓落成時，皆由

蔡兆垣題、謝熙書。惜今已無存。

　　殿內供奉彿像及觀音大士像多座，其旁仍奉原日道家諸聖，樓內牆角懸掛乾隆二十一年（1756）鑄造之銅鐘，鐘上鑄文云：

　　管理大鵬監務後補守備曾□燦，率書役陳超泗、陳喜、陳淦韶、陳贊、馮振、馮聯、李副、譚隆、陳天球、李勝全、王寶、潘國萬、黃連大、羅昌、羅見、譚杰、譚光許、溫燦章、劉友、劉明用、梁高、譚能瞿、譚浩、馮勝、馮舜、馮朝冀、陳旺、陳鼎、王□、□□□、陳廷秀、馮勇等虔敬奉玄天上帝殿前，永遠供奉。旹，乾隆二十一年歲次丙子孟夏穀旦立，萬聲爐造。

　　文中有謂「敬奉玄天上帝殿前」一語，可見該鐘並非為此觀音廟而鑄。且鑄造年份為「乾隆二十一年」，較該廟創建之年代為早。據前荃灣市鎮專員許舒博士稱，其任職離島理民府時，當地鄉民曾告知，該鐘本置九龍紅磡北帝廟內，後移至該廟，惜無法證實其事。

　　登殿旁石階，便抵一廣場，場前為一四層高之六角

觀音寺三寶殿

形佛塔，稱萬佛閣，下層為觀音殿，內供奉千手千眼觀音神像一座，座前牆角懸掛1970年（佛曆二五一四年）釋融靈住持鑄造的洪鐘一口。二層為藏經樓，頂層為三寶殿，內供五方諸佛，中奉毗盧遮那佛像。萬佛閣前有重建大嶼山薑山觀音寺碑記兩幅。閣外牆上另有重建大嶼山薑山觀音寺功德芳名碑記。

重建大嶼山薑山觀音寺碑記（一）

香港大嶼山薑山之陽，峰巒重疊，犖翠浮青，有梵宇蠹立其間，殿閣飛甍，門庭軒豁，海嶠名剎觀音寺在焉。該寺建始於一九一一年，歲次辛亥，迄今將百年矣。寺中供奉千手千眼觀世音菩薩聖像，高逾尋丈，慈悲自在，寶相莊嚴。善信來寺朝參者，絡繹不絕於途。

比以滄桑變換，人事遞遭，殿宇日久失修，漸趨廢圮，海內外緇素大德，同深惋惜，亟思有以規復之。

今住持佛門龍象融靈老法師，嚴事招提，歸仰慧覺，欲使勝因長久，法脈永傳，爰發起重建宏願。於是廣微善信，四出化緣，祈佛力之加持，成中興之大業。乃廣聘專家，悉心策劃，歷時四載，始奠厥案。

除修葺全寺原有建築外，更仿京華故宮頤和園佛香閣造型，構築三寶殿：頂層為萬佛閣，供奉五方諸佛，中奉毗盧遮那佛像，四方依序，各奉本尊佛像；中層為藏經樓；基層則為觀音殿，供奉千手千眼觀世音菩薩聖像。洵為傳統規模之佛教道場，與寶蓮禪寺天壇大佛遙相峙立。名山寶剎，堪稱南天勝地，香海耆閣也。

重建之計劃既已釐定，全部建築費用，共需港幣四千餘萬元。各方善信，聞聲隨喜，爭發檀度之大心，願作布金之須達。護法檀那胡文虎夫人陳金枝女士首倡捐助港幣壹仟萬元，其他居士善人，效枹鼓之相應，踴躍支持。

經費既備，乃詹吉於一九九零年六月，舉行奠基典禮。同月興工，歷時二載，喜見落成。鹿苑豈殊，祇林宛在。此皆前賢創業之遺澤，施主護持之功德。從此香臺湧地，薰育被於無涯；表剎參天，暉光燭於有項。顯揚聖教，福祐人間，國泰民安，人天共慶，永誌弗諼矣。是為記。

重建大嶼山薑山觀音寺委員會泐碑紀念

佛曆二千五百三十六年（一九九二）歲次壬申孟夏吉旦

重建大嶼山薑山觀音寺碑記（二）

蓋聞青鴛白馬，如來啟方便之門；珠珞金纓，菩薩示慈悲之相。摛億形於法界，月面從容；揚萬化於大千，日輪照耀。於時，文殊童子拜問三摩末利夫人，祈衆七會，聚龍華而滿願，捨象室以同歸。因果悟其初心，菩提證其後業。陟無生之遠岸，汎正水之安流。佛法之興，有以然矣。薑山觀音寺經始於一九一一年辛亥，前臨大澳，後枕嶼山，遠水縈迴，翠峰環繞。創立者葉善開女修士。堂名積善，匯三教以同源；洞署蓬瀛，萃先天於一體。洎夫滄桑換世，尚爇心燈；江海朝宗，獨尊釋教。嗣海山老和尚來任住持，重修舊殿，供奉千手千眼觀世音菩薩聖象。

夫綜大藏經八千餘卷，神通莫盛於觀音；計普門品三十二身，法力無逾於大士。良以棲真極樂，佐彌陀以度眾生；示跡娑婆，輔釋迦而演聖教。拯無邊之苦厄，振大海之潮音。馨香徧布於坤輿，感應咸敷於震旦。此易名觀音寺所由來也。

融靈上人繼主寺政，以殿宇偏仄，未安供奉。爰提倡籌建三寶殿。為崝壯觀，乃發弘願，敬徵眾信，同結善緣。演尼邱化玉之符，說耆闍布金之法。庶幾投花盈鉢，香凝陀衛之宮；施奈成林，金滿伽藍之苑。鶴林非遠，鹿野可期。上人道藹，二儀德充，四海登高呼應，厥底斯成焉。

莊月明女士，李嘉誠先生之德配也，通華冑望，淑慎閨儀，性同春日之和，行比秋霜之潔。早歲留學東瀛，後畢業於港大。漱潤藝於芳年，別德嶽於苕玉。既歸李氏，相夫教子，柔順恭和，戒旦雞鳴，無忝婦職。哲嗣澤鉅、澤楷，幼承慈訓，學業皆斐然有成。懿德流芬，光被彤管。而於持家之餘，復出任長江董事，參與重要決策。淑行及於姻親，惠風盈乎閨闥。豈料婺星遽殞，愛日無光，故舊聞而悲哀，遐邇同其感歎。嘉誠先生神傷奉倩，賦託安仁，故劍情深，炊臼夢短。看珠簾之委地，念竹簟之生塵。為紀念月明夫人之母氏聖善，慨捐建殿費壹千叁百餘萬元，玉成美舉。等龍天之護法，依寶界以呈祥。悲智雙修，功德無量。行見率陀天上，新開青豆之房；舍衛城中，湧現丹華之府。金資寶相，永藉閒安；珠綱銀鋪，復興輪奐。降魔杵在，獅子之座不驚；正法旛閜，鴿王之宮宛在。合光赴願，等營七級之浮屠；揆日庀徒，此即萬間之廣廈。

爰為之銘曰：

變振獅吼	覺牖大千	爰拓淨域	廣宇修椽
丹膄璀璨	桹棟踵踥	現莊嚴境	亦忉利天
闢慈悲門	開仁壽路	玉鏡金輪	楊枝甘露
積拱崚嶒	重藥布護	福業恆新	支提永固

佛曆二千五百三十六年（一九九二）歲次壬申冬月吉旦

三寶弟子順德何宏觀叔惠拜譔敬書並篆額

重建大嶼山薑山觀音寺功德芳名碑記

　　蓋聞嶼嶺之龍，從鳳凰出，脈至薑山，跨田顯貴，秀峰飛瀑，象正法南，來沿初地，弘傳不朽。民前辛亥，普門大願，定國安民，善開密行，五幢蘭若，易地布金。迨一九五一年，華嚴大士海山上人，於南洋弘法，圓滿飛錫。珠城住持㛃姑，率眾迎請，奉為方丈，定名觀音寺。上人思理貫空寂，雖鎔範不能傳；業動因應，非形相無以感。

　　遂修葺門面，營事招提，良工鍛匠，巧塑真儀。殿內供奉千手千眼觀世音菩薩聖像。自是圓光滿室，照耀恆沙，四道揚名，瑞氣盤旋。真如妙像既成，法藏高臺兆興。華嚴堂上，遠承月霞義海；觀音殿下，常得高人論道。松森萬壑，護法隨力供養；幽谷清美，善眾安份修行。

　　日月遞炤，俟後四十載，賢慧衍曼，往復世事間頭；門學相承，總契威音那畔。福田淨居，代代適時興樹；百年世變，香城豐贍

正隆。

　　住持融靈大和尚感時因景泰，嶼山處當運之位；良緣深慕，梵宇值修繕佳期。遂就岡巒之迴勢，配山川之盤紆。見薑山鹿湖，彷彿京城萬壽山昆明湖之勝景。即召選哲匠，追訪法圖，以頤和園佛香閣為藍本，營構寶閣一座。愜縱橫之交匯，統山水之秀美。閣內首層為觀音殿，供奉原有之千手千眼觀世音菩薩聖像及十六大阿羅漢，四周雕鑄法華普門三十二應經變。大士慈雲普蔭，使清信聞菩提善教，匡扶眾機，令闡提獲拔苦歸路。二層為藏經樓，收錄三藏十二部諸法寶。頂層為萬佛閣，內奉五智如來，成就大曼荼羅壇場。幢閣焜煌，表微佛法僧三寶長住世間，利濟含識。更嚴整殿宇，寶砌崇墉：鐘鼓二樓、方丈客堂、香積觀堂、法師諸寮，日就月將，麗剎方成。

　　癸酉吉旦，福庭功圓，七眾咸集，並湊齋境。此悉堂伽藍，俾大眾化垂空有，持戒律以揆道；式敬六和，循禮樂以安居。故雖去聖時遙，猶慶能承芳規。其光輝燭照有情，生命崇高有向。惟思初謀計費甚鉅，幸八方緇素，隨力淨施，致瑞露雲臻，四會匡持。事既辦乎眾心，功遂克成不日。仁者施福之功德，無量吉祥，傳芳萬代，三界人天皆所景仰，金枝永茂於千春。凡修善業，總願成就，生生恆接勝緣，世世福慧增榮。冀斯淨土真境，玉燭調順，德音舉揚。傳弘馨業，山高水長；嘉名懿行，用勒貞珉。

銘曰：

蒼松現帝網　　淨業得崇基　　慈航儀鷲嶺　　清風鳴金鐸

巧匠構神功　　舒卷得自在　　捨資布金田　　妙樂享豐華

佛曆二五三六年（一九九二）歲次壬申冬月吉旦

大嶼山薑山觀音寺重建委員會泐碑

　　廟旁「靜室之家」仍存，惟門額四字已剝落難辨，只餘「之家」二字隱約可見。屋前懸響板一塊，鑄造於 1970 年。

　　該廟為大嶼山全島僅有的觀音廟，故島上水陸居民，多到該處參神拜禮，其香火甚盛。其位置遠離市區，故至今仍能保持淳樸環境。

【註釋】

1　編者按：薑山，亦稱姜山、羌山，現通用名為羌山。

　　大嶼山鹿湖精舍，原名純陽仙院，為大嶼山歷史最悠久的梵剎，位於區內鹿湖山之山坡。其地居薑山之上，昂平之下。相傳該地昔日林木繁茂，時有黃麂出沒，因名鹿湖。

　　該精舍初創時原名鹿湖洞，後稱純陽仙院，由羅浮山道士羅元一於清光緒九年（1881）開山創建，位於一高臺上，門首牌坊本刻「洞門」二字。門旁舊有聯云：「一輪明月開丹灶，八面青山映鹿湖。」

　　入門，越過天階，便是正殿。門前「鹿湖精舍」石額，為光緒九年閩浙總督何璋所題。門旁伴以廣東順德狀元梁耀樞所書對聯，聯云：「緱嶺分蹤，雖處天涯皈淨土；嶼山寄跡，獨超塵界峙中流。」正殿內分二堂：左為客堂，右為祖堂。正殿之旁為普雲院，乃當時女士清修之所。正殿左壁嵌有光緒九年開山時所刻之

碑誌。

民國初年，有名觀清法師者，自羅浮山抵大嶼山大澳，駐錫大澳口虎山地藏廟。偶至鹿湖洞，與元一道長一見如故。某日，元一道長以其多時修練，應已能登仙界，遂將鹿湖純陽仙院及名下產業，交託觀清法師主持，自行離去，登山崖躍下，欲效飛仙，首次不成獲救。其後修練多年，再作白日飛昇之舉，傳謂事後現場只餘所穿便鞋乙隻。有心人且為之建墓紀念，今墓址位置已無從考證。[1]

純陽仙院眾信隨觀清法師改信奉佛教後，普雲院亦改作禪堂，男女同參，信徒皈依者甚眾。後觀清法師去世，該院遂成女眾清修之所。

1955 年，該院改稱鹿湖精舍，山門牌坊改刻「鹿湖山門」。其旁對聯則改刻：「鹿苑風清翻掃徑，湖源水淨不沾塵。」正殿門額「鹿湖精舍」及舊有門聯則仍存。其旁普雲院於 1955 年重修後，改為念佛堂，內奉鹿湖開山祖羅元一、筏可大和尚及歷代祖師神位。大殿改奉佛像及觀音大士。

精舍背後另有一小殿，門前石額「純陽仙院」，門旁對聯與正殿門聯相同，想為 1955 年小殿建築時所摹刻。殿內供奉呂祖、黃大仙及玉皇神位，兩旁各站護法兩位。每日亦有住持者為之上香虔奉。

小殿門外壁上嵌有光緒九年開山時所刻「純陽、普雲仙院石刻示諭」碑誌，文云：

鹿湖精舍

山門牌坊

欽加同知銜，特授廣東廣州府新安縣正堂加十級唐，調處廣東大鵬協鎮右營守府，閩粵南澳鎮右營守府賴（即賴鎮邊），為此曉諭事：

照得昨據該耆紳呂景輝等呈稱，在於大嶼海島之鳳凰山鹿湖洞，創建純陽、普雲仙院二座。茲復據呈以該道院鳩工告竣，懇請再給示諭，以杜奸邪，而潔仙院等情。查該紳耆所請，原為尊崇道教，洵屬出自誠忱，應予照准。合就出示曉諭。

為此示諭該院住持及軍民人等知悉：道山乃清淨之地，連界本修持之居，固不容於褻穢，亦不任於勾留。外住僧道，偶遊到院，不准借居住宿，不得留連外瓦。來住客旅，亦不許久住棲遲。恐其中有因事敗逃名，藉偏僻以匿其罪者有之，有扮作遊人，先為借宿，剽竊財物者亦有之。爾住持務宜持躬修己，留心伺察。倘有形跡可疑者，速行驅逐。並有斧伐山林，與及牧童飼牛、踐踏、挑泥、挖石等弊，如敢逞惡不遵，故意慝留習抗者，該住持一面鳴官以儆奸邪，而淨福地。

各宜凜遵毋違，特諭。

告示　發仰大嶼山鹿湖洞純陽、普雲仙院勒碑曉諭

光緒九年十月二十四日示

紳士陸師彥、黎斯治、羅名丁、呂景輝

值事源顯之、梁耀焜、蔡星樞、鄭世安、羅鳳南、蔡明

住持羅元一等，同勒石

該梵剎附近有不少佛堂，較著名者有佛泉寺（亦稱三寶殿）、竹園精舍及法華淨苑，皆於民國成立後創建，其歷史較鹿湖精舍為短，然亦為參神禮佛之好去處也。

【註釋】

1   事見《華僑日報》1949 年 3 月 2 日至 3 月 10 日「香港掌故」欄。

大嶼山竹園精舍

　　竹園精舍，在大嶼山鹿湖之鹿湖精舍左旁，精舍一連三幢，門前花圃，石砌几桌，雜花生樹，風景天然。1933 年，芙蓉山竹林寺融秋和尚皈依弟子茂昌女士於此開山創建。茂昌女士俗姓林，原籍廣東新會，配夫李姓，系出名門，以航業起家，在商界交遊道廣。年二十五，夫婿已捐館舍，由是看破紅塵，披髮入山。年二十六發心皈依。年三十六，禮融秋和尚出家。年三十八，親詣粵北韶關南華寺，求虛雲和尚受具足戒，從此住持竹園精舍，資修淨業，度出家徒眾甚多。二戰前慈航法師曾於該處主講佛學三年。精舍內藏有趙廣夫人捐贈的慈禧太后御筆蓮花中堂一幀及戴鴻慈手書對聯。門額「竹園」為鄒魯所題，門聯「竹杖偶雲遊，願度眾生皈正覺；園花同雨墜，拈來一笑悟真如」為吳道鎔太史撰書。精舍內有 1933 年時任主持茂昌所訂「同住規約」：

竹園精舍

竹園精舍同住規約

　　成方圓者以規矩，正五音者以六律。聚眾而居，若無規則，行同烏合，成何體統？苟蔑法度，難振四儀，遑論導俗。是以特訂同住規約十條，望我大眾，於此調伏身心，務必共同遵守，切切毋違。

　　一：犯根本大戒者，不共住。

　　二：破口相罵，交拳相打，不聽勸解者，不共住。倘理直而忍者，留；過犯而嗔者，出。

　　三：違背師長，不聽教誡者，罰。

　　四：無故外出，或過宿而不請假說明理由者，出。

五：私自募化者，罰。

六：各職人等，不盡忠職守者，罰。

七：無故不隨眾上殿念佛出披者，罰，除公務老病等。

八：議論國事及諸山長老是非者，罰。

九：晚大靜後，高聲大笑者，罰。

十：私留親友過宿，不白職事者，罰。

民國二十二年十一月二十八日　主持茂昌謹訂

大嶼山薑山靈隱寺

　　大嶼山靈隱寺，位於薑山之上。山門牌坊正面「靈隱寺」，背面「正覺門」。該寺於 1928 年由津微老法師開山修築。將屆落成時，法師忽罹重病，遂交託靈溪和尚住持。首建地藏閣一幢，次建吉祥居三層，又在山門口建韋馱、彌勒殿，殿後繞以圍牆。由韋馱殿下層入正門，即見正殿四楹並立，一連五幢。正殿入口有民國十九年庚午（1930）吳道鎔題「靈隱寺」橫額及「靈資淨域，隱證禪門」門聯。殿內仍存津微開山祖題撰竹聯「全副肝腸，臻築方成因退讓；一條榔檐，徵求靈意託維持」，又藏有皈依弟子黃湛題竹聯「靈隱高僧，衣鉢真傳徒有愧；溪流麻飯，法壇常潔道無瑕」及英社行友贈聯「靈根參妙諦，隱跡悟玄機」。

　　正殿旁有靈公紀念亭，亭內有靈溪老和尚遺像，其下為大嶼山靈隱寺靈溪和尚紀念碑記。靈溪和尚生於光緒十四年戊子

靈隱寺山門牌坊

靈隱寺

（1888），俗姓凌，廉州合甫人。年十九，於廣西博白縣覺岸寺出家，授戒於鼎湖山慶雲寺壽安和尚，受左山和尚傳法，為曹洞慶雲宗派。

該寺於 1960 年及 1995 年重修兩次，成今貌。

大嶼山靈隱寺靈溪和尚紀念碑記

為比丘易，為菩薩難，為在家菩薩不易，為出家菩薩更難。有人於此，遠離憒閙，樂處山林，而念念度生，任運騰騰，和光同塵，開山興寺，致力農禪，普利羣生。紹隆三寶者，在出菩薩中，其惟大嶼山麓靈隱寺靈溪和尚，其庶幾乎。

靈公和尚者，出家菩薩也，原籍廣東廉州，合浦凌氏子。年十九，於廣西博白縣覺岸寺出家披緇，依鼎湖山慶雲禪寺壽安和尚，得具足戒。受左山和尚傳法，為曹洞慶雲宗派。向住鼎湖山，隨眾作務。生平沉靜寡語，輕死生，重言諾，不避豪勢，不作阿諛。

民國十七年蒞大嶼山。時津微大師於山麓建寺，鳩工將成，忽罹重病。微得靈公住持，一時機緣成熟，四眾皈依。正殿四楹並立，美奐美輪。迨後增建地藏閣、吉祥居、韋馱彌勒殿、護法殿等，次第落成。重山包寺，殿閣雲連。三年傳戒，法事繁興。事無大小，身先勞役。年屆古稀，躬猶健碩。是年祝嘏，賀至盈庭。詎逮九月十日，無疾示寂，吊者滿室。是日風雲闇淡，山川變色。嗚呼！公其何往乎。弟子數百人，追思典型，景仰德範，念念不已，擬在山門建亭，以留紀念。其付囑弟子廣忍、廣泉、廣勝，屬為文以記之。爰作

頌曰：

> 猗歟靈公，出家之雄。中興禪寺，大展宗風。
>
> 得法天湖，曹洞正宗。事無巨細，允執嚴中。
>
> 農禪並重，真俗融通。斯人何去，隱象潛龍。
>
> 付囑有在，慎始全終。法身常住，垂後無窮。

古龍藏弘法沙門釋明慧敬撰並書

公曆一九六零年穀旦

付囑弟子廣忍、廣泉、廣勝、印重、印聰、印宗、靜法同立石

靈隱寺靈公紀念亭

青山清涼法苑

　　本港新界青山之清涼法苑，位青山虎地上村以西。法苑建於 20 世紀初，為李公達居士所創。大門石牌坊「清涼法苑」四字，為筏可大師所題書。牌坊左右柱上刻對聯，上聯為「淨境有緣由斯道」，下聯「種因得果自在人」。牌坊背面則為「背塵合覺」四字。

　　過石牌坊，為天人殿，門前上刻「佛殿」二字。其傍刻一對聯，上聯云：「依般若故歸正覺」；下聯云：「信受奉行是光明」。此聯為筏可大師於佛曆二五〇七年（1963）重修法苑時題。入佛殿內，但見中懸「天人師」橫匾，兩旁有一對聯：上聯為「菩薩現身，度盡眾生除其熱惱」；下聯為「釋尊應世，化諸火宅得入清涼」。此聯亦立於 1963 年。對聯前石柱上懸另一對聯，亦為筏可大師所書，上聯云：「但願山河大地，清淨本然，悉成安樂土」；

清涼法苑牌坊

下聯云：「普為三有四恩，至心一禮，皈向法中王」。

　　天人殿佛堂兩壁，懸掛林則徐手書對聯，聯云：「風幡不動心安竟，鏡樹原非色是空。」又藏有杭州聖因寺貫休所繪「十六羅漢應真像」石刻之墨拓本，所繪羅漢形貌詭異，筆致古樸，剛健傳神。每幅拓本落款之下蓋有印章。惟懸掛日久，致有數幅已微覺剝落。其第四幅慶友尊者像，右角題記云：「御定聖因寺十六尊者像，尊者化身妙繪，傳世千年，恭遇我佛心皇上，於一毫端重開生面。名位既定，文彩全彰。是廣大最勝殊緣，不可思議。主持臣僧明水募貲，敬謹勒石，復建以阿羅漢藏，用昭崇奉。顧天人供養於萬禩爾。大清乾隆二十九年八月之吉，住持臣僧明水

恭紀。」觀此題記，可證清涼法苑所藏十六羅漢應真像墨拓本，乃杭州聖因寺貫休繪刻的十六羅漢應真像，刻於清乾隆二十九年（1764）。其第十三幅因揭陀尊者像，左手作捧經狀，呈島形，經文作悉曇文旁支字形，此類文字曾流行於4世紀及5世紀。

佛堂兩旁小屋為比丘尼宿舍。左方小屋名「清涼法苑小築」。右方小屋門前懸「雲動山移」牌匾，上有陳澧手書「辛亥十月試茅筆」題記，又有「右四字從靈渡寺聯鈎出，移奉清涼法苑，名書勝地，雙美並傳，壬寅夏陳步煒謹識」等字樣。

佛堂前有涼亭及茶室雅座，可供遊人茹素品茗。駐院師姑禮佛虔敬，對佛學殊有見地。

清涼法苑佛殿

粉嶺龍躍頭龍山寺

　　粉嶺龍山寺位於香港新界粉嶺龍躍頭，原為當地鄧族家廟，舊稱「龍溪古寺」，清乾隆二十四年（1759）改為「龍溪庵」，收容族中獨身的自梳女。20 世紀 40 年代至 60 年代末期，該地曾闢作飼養場。至 80 年代，「龍溪庵」已甚殘破，龍躍頭鄧氏族人將其重建，1993 年 12 月落成開光，改稱「龍山寺」。

　　該寺主樓高七層，取七級浮屠之意，內供千手千眼觀音、十八觀音及五百羅漢木雕像，外有放生池、園林、小橋流水、亭臺樓閣等，並設骨灰靈位。寺外壁上嵌有碑記多幅，甚有研究價值。

一. 乾隆二十四年重修龍溪廟碑

龍溪，古神境也。雲興則雨，詳載邑誌，號曰神山。流而為溪，

別曰龍溪。晉人建寺以此，以應神赫。余□歲進士，又上公鼎而新之。其間松風蕉雨，鶴唳鶯鳴，翔龍舞虎，妙境者不可勝紀。將所謂羅浮之十八洞天者，此其一。將所謂靈洲之三十六洞者，此其一。余之官十有餘年矣。觧組榮旋，登山禮佛，蒍然見其□□雖存，景象非□□。與族人謀，欲舉而煥之。幸房兄應麟、夢魁等好善，公同首題助山□一所，以為之倡。於是族人□□鼓舞，□四方□□，無不樂助捐貲。轉瞬間，鳩工庀材，大興土木，宮闕為之一新。佛光益增赫濯，將松風蕉雨快境，依然如昔；鶴唳鶯鳴好音，依然如昔；即翔龍舞虎靈異，亦依然如昔。擬之羅浮洞天、靈洲仙洞益不相遠也。余不敏，不能倣□黎南海筆意，以道□□□□其實，以為之記。

歲進士敕授修職郎惠州府歸善縣儒學訓導署歸善縣儒學教諭事

邑人鄧□基

薰沐頓首拜撰

優行廩膳生員邑人鄧宗樹薰沐頓首拜

本鄉紳衿儒士題助芳名列後（芳名從略）

已上題助，錢以滿百，米以至斗，方入碑內，餘倣此。

乾隆己卯仲春上浣

勸緣鄧彩英　鄧慶及　鄧世雄　鄧旌及　鄧名揚　鄧宗樹

首事鄧為、鄧世泰等督仝修立石

匠人袁學登建造

信農題助錢銀米列後（芳名從略）

二. 龍山寺碑

　　龍山寺座落新界粉嶺龍躍頭鄉之龍山，原名龍溪庵，始建於元末明初，至今已有六百餘年之歷史，乾隆己卯年間並已重修，昔日香火鼎盛，惟因年代久遠，且幾經變亂失修，以致頹垣一片，余等有見及此，敢竭盡棉力籌集善款，幸得各方仁人君子，政府首長，鄉紳父老，十方善信鼎力支持，經數年之策劃及施工，本寺之重修方得完成，矗立於龍山之麓及正名為龍山寺，從此一座樓高七層，外牆附有高十五米之觀音浮雕聖像，寺內有金身三寶佛及千手觀音菩薩，以供善信參拜，寺外有園林美景，小橋流水，庭臺樓閣可供市民遊樂憩息，而其中之放生池，更可為善信供一廣發善舉之處。

　　謹致

　　　　　龍山寺司理人、龍躍頭鄉代表、龍山寺慈善基金會

三. 重建紀念碑

　　古禮奉先賢建廟以敬神靈，祀先祖立祠以盡孝思，粉嶺，龍躍頭鄧鄧氏先祖本尊祖敬宗之心，祀靈奉神之禮，於元末明初之際，創建龍溪庵於粉嶺龍躍頭龍山之麓，迄今已有六百餘年之歷史矣。中經乾隆己卯重修拓建，善信眾多，香火鼎盛，惟因年代久遠及幾經變亂，毀衰樑壞柱，四壁傾頹，有識之士，睹此無不慨嘆。於是本鄉鄉眾與四方仁人君子，乃廣發宏願，募集善財，經數年間之籌劃施工，並得政府有關部門，地方首長，各鄉親父老以及十方善信，

共襄善舉，鼎力玉成。終使古剎重新矗立於龍山之麓，並正名為龍山寺。更廣闢寺前園林溪橋景色，使曾以擬為羅浮洞天，靈洲仙境之龍山重爍其光輝，風水益增，其靈秀。而本鄉之子孫亦得以祭神靈而祀先祖，各方人仕亦可蒞臨瞻拜，祝福酬恩。此實本鄉鄉眾之福，亦為本港新增一樂遊勝境也。

癸酉歲（1993）九月十六日　龍躍頭鄉　鄧國容　居士

四. 弘揚佛法碑

龍山寺重建開光大典，乃由本寺主持新成大法師主持開光法事，並恭請鄉議局主席劉皇發 OBE 太平紳士、首副主席廖正亮太平紳士、副主席林偉強太平紳士、北區政務專員湯顯明太平紳士、地政專員梁玉書先生、區議會主席彭鏗然太平紳士，聯合主持典禮，特立碑為記。

弘揚佛法
歲次一九九三年十二月十九日
癸酉十一月初七日
龍山寺司理人、躍頭鄉代表、龍山寺慈善基金會立

五. 功德無量碑

建廟敬神，立祠祭祖，古禮為頌，今得各界善信集資獻策，盡

力盡心，遂使龍山寺矗立於龍山之麓，供人參拜祭祀，並廣闢園林作憩息遊覽。實是功德無量。

籌建龍山寺各界善信芳名如下：

鄧龍崗祖、鄧宗和祖、龍躍頭鄉公所、粉嶺鄉事委員會、龍山管理有限公司、龍山寺有限公司、和栢實業有限公司、廣東水利水電工程發展有限公司、嶽立有限公司、龍山業權發展有限公司、龍溪置業有限公司、龍溪拓展有限公司；

鄧國容、鄧根年、鄧柱田、葉秀容、何栢池、李鏡虹、余瑞榮、何果滿、張漢韶、黃慶銘、羅澤棠、王金生、賴運良、崔　藝、張漢忠

歲次一九九三年十二月十九日

癸酉十一月初七日

龍山寺司理人、龍躍頭鄉代表、龍山寺慈善基金會立

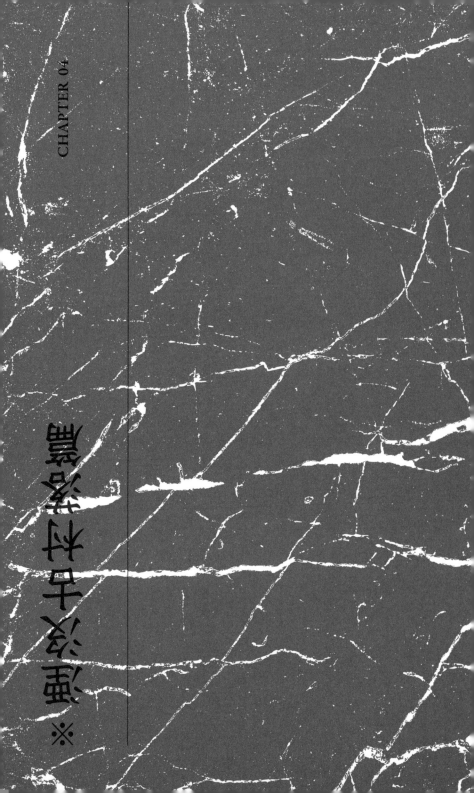

CHAPTER 04

※ 驟然光害事件簿

　　鋼線灣村（Kong Sin Wan Tsuen），位處香港島南區薄扶林碧瑤灣附近山谷，鄰近海邊。該處海灣英文稱 Telegraph Bay，蓋因前大東電報局曾於該處建設電報站（Cable House）。又因該公司曾於該處放置海底電線，接駁外地，故中文名為鋼線灣。

　　該村創立於 19 世紀末，村民多客籍，雜姓，黃、張、邱、鍾等姓較多，以漁農為生，亦飼養豬隻。20 世紀初期，該處只有簡陋木屋十餘間，期後人口日增，屋舍漸多。日佔期間，居民一度離去，光復後遷回，人口亦日漸繁衍。最盛時全村有房屋近二百間，多為鋅鐵頂石屋。

　　因該村位低洼地帶，每遇颱風暴雨，易遭土崩泥瀉之災，故不少村民於 20 世紀末接受政府安置而他遷。1995 年，港府宣佈全面遷徙該村，並將該海灣發展作數碼港（Cyber Port）。如今該

村已蕩然無存。

村內舊有建築約一百三十餘間，多傍小河建築，亦有部分建於北面山坡上。山坡上的屋宇，皆以石塊砌建平臺，屋舍建於臺上。中部房舍較多，該村互助委員會亦設於中部。村內房屋多高兩層，外牆為石塊或磚塊砌成，外加石灰。屋頂分平頂及斜頂。各屋多為單間式，亦偶有一排三間甚或一排四間者。

全村屋宇規模最大者，為兩進三間式，高兩層。入門處為前廳，兩旁有房間；天井有蓋，兩邊為房間；後進中為神廳，兩邊亦有房間；二樓另有多個房間。各屋皆以木板間隔成，有露臺。大門旁有狗洞，供狗隻出入，其上有天神神位。門外為空地，用作曬坪，亦可供休憩。外繞矮牆，入口處建閘門。

村中互助委員會建於 1958 年，為兩層建築，斜頂，由鋅鐵板鋪成。其前為土地神壇，前置香爐及供桌。海濱處有三合土建築一座，為前電報局所建之電報站，今仍存。沙灘旁原有土地神壇，北面山坡上原有山神神壇，海濱處舊有二次大戰時修建的碉堡，今皆已拆去。

從黃泥涌到跑馬地

　　黃泥涌村位於今跑馬地毓秀街、景光街、昌明街及綿發街一帶。早在前清乾隆年間（1736-1795），該處已有人居住。該地建有黃泥涌村，開埠時（1841）人口約有三百。該村依山建築，村前為田疇，地屬錦田鄧氏所有。《錦田鄧氏稅畝總呈》載：該族於1720-1762 年間，曾向新安縣登記擁有黃泥涌約 189 畝地。當地居民當向其繳稅。村後山上有小涌流下，水中帶有黃泥甚多，故名黃泥涌。該涌流經村前農田後，經一狹長水道，直流出海。因該出海水道狹長，形如鵝頸，故被稱作鵝頸。

　　1842 年後，香港英屬，早期進駐摩理臣山的英軍因不適應環境，且不服水土，故多有死亡。死亡英軍多被葬於農田旁山邊，日久成一墳場。1845 年，政府將灣仔大佛口附近的基督教墳場遷往黃泥涌谷山邊（今香港墳場所在地）。該地被稱為快活谷，英

鑑古尋根：香港歷史與古蹟尋蹤

文作 Happy Valley，暗含「極樂世界」之意。

1845 年，谷地中的農田地帶被政府定作官地，闢作跑馬場所，即跑馬地。1848 年馬場建成，政府禁止村民在該處種植稻米，且疏導黃泥涌流入海港，以改善該處衛生。地主鄧氏曾向港府爭取，但告無效。蓋因開埠初年時，政府曾頒佈《土地登記條例》，錦田因離港島頗遠，未將黃泥涌地登記，故該處農地被闢作馬場。

最初，馬場跑道沿今黃泥涌道繞圈築成，其中心仍為農地，且每年只舉辦一次跑馬活動，故黃泥涌村居民仍可前往耕種。1891 年後，賽馬次數增加，故需開築道路以方便交通。1904 年電車公司成立，黃泥涌出海處建成大橋，稱寶靈橋，俗稱鵝頸橋，供電車橫過。其旁土地得以開發。1909 年堅尼地城至跑馬地電車路軌建成，電車可達黃泥涌村前。其時，黃泥涌村仍位市區之外。

1910-1920 年間，商人投資開發園林娛樂場，即樟園（位於今養和醫院以東）及愉園（位今養和醫院處）。1918 年馬場大火，逾六百人死亡，跑馬地成為遊人裹足之地。彼時西環太白臺上設有太白樓，先施公司與大新公司天臺上亦分別建有娛樂場。而跑馬地因離市區頗遠，故其遊樂場生意日漸慘淡。1922 年，愉園遊樂場停業，於其原址上建成今養和醫院。

1920 年代，黃泥涌村村民為吳、葉二姓，人口約兩千。村內有街巷三條，小屋二百餘間，皆木石結構。村內市集攤檔多以竹木葵葉蓋搭。1923 年政府將跑馬地發展為高尚住宅區，黃泥涌

村遂被拆遷。黃泥涌水道被封閉，改作地底暗渠。村中低地被填平，房屋被拆卸，村後山崗亦被開拓。黃泥涌地底渠道建成後，兩旁分別建成道路，名為堅拿道東（Canal Road East）及堅拿道西（Canal Road West）。

政府於山邊闢建桂芳街、晉源街及聯興街三街平房，供村民居住。黃泥涌村原址所在地發展為毓秀街、景光街、昌明街及綿發街四高尚住宅街道。又將該地改名跑馬地，至今仍之。當時中區半山堅道一帶的富人，因其地區交通不及跑馬地方便，故多遷往該處居住。馬場跑道中心的稻田及低地亦被填平，闢作球場，俗稱「波地」，即使賽馬日亦開放供人遊樂。

1941-1945 年日佔期間，該地曾被改稱青葉峽。戰後復稱跑馬地。如今，跑馬地一帶仍為港島的高尚住宅區。

寶靈城的發展

跑馬場及山谷低地背後鵝頭山上之水，經一狹長水道流入大海，地稱鵝澗，澗旁榕樹排列，20 世紀初稱「鵝澗榕蔭」，名列香港八景。然低地形成的泥濘易生蚊蟲。總督寶靈致力改善該地，將鵝澗擴成運河，名為寶靈城運河（Bowrington Canal），運河兩旁新填之地則發展成寶靈城（Bowrington）。沿河兩岸被闢為車路，今稱堅拿道東及堅拿道西。運河出口上建木橋，供車橫越，時稱鵝頸橋。1910 年，鵝頸橋改建為三合土橋，電車繞跑馬地通行。

1920 年代，利希慎於利園山開設利園遊樂場及利舞臺。1950 年代利銘澤鏟平利園山，發展商業住宅。利舞臺亦於 1990 年代拆去，改建商廈。1951 年政府於此地建設電車廠，1953 年建成。1990 年代，電車廠遷往西環，其原址上建起如今的時代廣場。

附錄：區內墳場

黃泥涌道回教墳場（地段 228 號）

1870 年代建，入口有伊斯蘭式門額，墳內墓地多朝向麥加。香港的另一回教墳場原位何文田，建於 1930 年，1963 年遷往哥連臣角，內有清真寺。

黃泥涌道聖彌額爾天主教墳場

1848 年建，門上有聖彌額爾聖像，門聯：「今夕吾軀歸塵土，他朝君體也相同。」1916 年建小堂。1977 年擴路，門遷至現址。香港天主教墓園共五座，分別位黃泥涌、哥連臣角、西貢、長沙灣及長洲。

黃泥涌道香港墳場

亦稱基督教墳場或殖民地墳場，墳場及小教堂同於 1845 年建成，小教堂內有「RACHAEL MARY HELE LAMPSON」及「CHARLES HENRY EASTWICK LODWICK」兩碑，墳場內有何東、何啟、楊衢雲、洪全福等名人之墓。

黃泥涌道（1 號 B）印度廟及墳場

1953 年印度教協會建。二戰前，在港印度人多擔任軍警。1950-1960 年間，印巴分治，印度人多遷至香港。該廟建成前，印度人多往錫克教廟參神。

錫克教廟原建於 1933 年，二戰時為日軍炸毀，1949 年重建成今貌。

黃泥涌道祆教墳場

波斯宗教稱瑣羅斯德教，又稱拜火教或祆教。1841 年香港賣地時，所賣出共四十七處地段中，七段為波斯人購獲，足見其民富有。墳場建於 1852 年，最早埋骨於此者下葬於 1858 年。墳場設有園丁室、臺廊、禮儀大廳及洗屍井，並有律敦治及摩地等名人之墓。

山光道（13 號）猶太墳場

1890-1900 年初建成，二戰期間墓園資料遺失。有小教堂作殯葬儀式之用。墳場內有沙遜及嘉道理等名人之墓。

銅鑼灣與大坑村

　　銅鑼灣位於香港島北岸，範圍由奇力島（Kellett Island，舊稱燈籠洲，今灣仔過海隧道入口旁）至銅鑼灣天后廟。其東為紅香爐山，上有紅香爐天后古廟，今稱銅鑼灣天后古廟。

　　清乾隆年間，該處曾為紅香爐水汛駐地，其西為東角，旁有小島名燈籠洲。港島開埠後，該地被發展，且與岸邊連接，成為渣甸洋行及其倉庫所在地，該處舊有燈籠洲天后古廟一所，亦被拆除，廟宇中的石香案及鐵香爐三座則移供今銅鑼灣天后古廟前廣場。如今該地已發展為商住區，只餘渣甸坊名稱及燈籠洲街市。銅鑼灣西南面為掃桿埔 [1] 地區，東南面為大坑地域，南面連接渣甸山，山上今有勵德邨，西北面為東角（即港島維多利亞城東面海角），俗稱大丸 [2] 地區。

　　此處海灣形如銅鑼，故而得名。其岸邊沿今大坑道，路兩

旁曾為低窪田野，每遇巨風豪雨，則有巨浪衝擊、山洪暴下，常遭水患。開埠初年，居民於該海灣前築一海堤，以作保障。英艦琉璜號在港島北岸進行測量及繪製地圖時，已發現該海灣內有一石堤，因而英人稱該海灣為海堤灣（Causeway Bay）。其後，該堤南面海灣被填平，海堤處建一公路，名高士威道（Causeway Road）。舊海灣被填平之地建有今中央圖書館等建築。據考證，昔日海岸線與今銅鑼灣道（舊稱筲箕灣道，1940 年改為銅鑼灣道）重合。

開埠之前的銅鑼灣

開埠之前，銅鑼灣畔未有人居停。間有漁民於該灣東部避風，或修補漁網。

該地時稱紅香爐（今大坑），清乾隆年間（1736-1795）設紅香爐水汛，以千總一員、外委一員，率領汛內兵丁撥配米艇[3]巡洋。

此處原有大坑村，位於今銅鑼灣道南部新村街一帶，原稱大坑老圍，創建於清代中葉（約 19 世紀初），為客家黃、張、李、朱、葉等姓人士所創建。其中又以黃張兩姓人士入住較早。村民以漁農為業，亦有從事牛奶生產及洗衣工作者。村旁小溪為村民洗濯衣物之所，其地今名浣紗街。

銅鑼灣濱海處有天后古廟，建於 1845 年。1868 年淡水戴氏將其重修，成今貌。戴氏原居九龍蒲崗村，常到銅鑼灣畔割草，

因虔信天后，故集資建廟。廟前有 1845 年石獅及 1869 年石香案，廟內存有 1847 年鐘、1848 年香爐及 1868 年重修碑。

此地從畢拿山上有大溪流下，水源甚豐，可供溪流兩岸居民農耕或洗滌衣物。惜每年春夏間，有暴雨山洪之患。村西海濱岩石上有蓮花宮，1846 年建，內供觀音大士、列聖、無常及六十太歲等神靈。該廟曾多次重修，今已被列為古蹟，香火甚盛。

18 世紀末，客家人士入遷該灣西部，建屋墾耕。此地農田原屬上水廖氏所有。據嘉慶《新安縣志》卷二十三載，寶安文岡書院落成之時，增生廖九我捐出掃桿埔原本租與佃戶彭尚璉的嘗田五十石為社田。彭氏族人自此在當地耕種，並直接向官府交租，逐漸形成後來的掃桿埔村。1841 年香港英屬，首次人口統計查得當時村中僅有居民十人。

開埠初期的銅鑼灣

1841 年 6 月，怡和洋行以五百英鎊投得東角三幅土地，興建貨倉、辦公室及碼頭。該地稱勿地臣角（Matheson Point），商賈聚集成渣甸市場（Jardine Bazaar）。坊眾稱之為燈籠洲街市，因臨海處有小島名燈籠洲，今名加列島。

1850 年間，當地居民於灣畔築一海堤，以防風浪。其時，東角為怡和公司所有地，每有公司下屬船隻進港，例必鳴炮歡迎。某次該公司鳴炮時，有英艦軍官以此為對其無禮，大加斥責，並欲禁止。後經解釋，英軍始許此俗留存，惟須於每天正午鳴炮一

次，以作報時之用。此俗至今仍存，俗稱怡和午炮。

1857 年時，政府以掃桿埔村及大坑村之地為港島北岸維多利亞城東界，闢為其第七約，名掃桿埔區，範圍由加列島至銅鑼灣天后廟。其時，該地治安不佳，民多遷離。當局於此建起墓地。1864 年，聖保祿修院及教堂於該處建成。1866 年，政府於東角建鑄幣廠，1868 年因虧損停辦，廠房被怡和洋行購入，改作渣甸糖廠。

1874 年間，銅鑼灣畔擬建避風塘，政府計劃於大坑地區填海23 畝。1884 年填海完成，海堤南面海灣被填平，成今大坑道與高士威道間土地。同年，此處大水坑（亦稱大坑 Tai Hang）建成，每年春夏間暴雨山洪之患亦解。水坑鄰近之地即今日浣紗街。1889 年，避風塘堤壩亦建成。

1880 年 8 月間，瘟疫厲行，死人無數。該地村民舞火龍以禳災。至 20 世紀初，疫禍始止，而大坑村每年中秋節舞火龍及放鞭炮之俗至今仍存。這一活動在日佔期間曾停辦，此後恢復，定於每年農曆八月十四、十五、十六舉行，今已列為香港非物質文化遺產項目。

近代的銅鑼灣

20 世紀初，國內變革頻仍，不少國人避亂該地。同時，亦不乏海外華僑回遷該地發展。1916 年，有古巴歸僑於掃桿埔地種植咖啡，惜地土及天氣不宜而失敗，但此地遂留有咖啡園之名。

1918 年，咖啡園被開發為公共墓地，其背後山麓建有 1918 年跑馬地大火死難者的馬場先友公墓。

時至 1930 年代，自海岸至咖啡園沿途教堂、學校及醫院相繼建成：聖光堂於 1927 年建成；東華東院於 1927 年建成；孔聖堂於 1930 年代建成；聖約翰救傷隊總部於 1930 年建成；保良局於 1932 年建成；聖瑪利亞堂於 1937 年建成。此時大坑村亦得到進一步發展。

現代的銅鑼灣

1941 年，日軍襲港，銅鑼灣沿岸大受破壞，大坑村險被夷平。村內舊有書室一間，亦遭毀圮。戰後大坑村重建，房舍多為多層唐樓，今仍存數座。1950 年代，國內難民大量湧入，不少人在山麓建造木屋居住，形成大坑舊村、芽菜坑村及馬山村。其時，銅鑼灣避風塘亦被填平，闢作維多利亞公園。皇仁書院亦於同時代建成。

掃桿埔地區之教堂、學校及醫院等建築現存如舊，而咖啡園一帶則發展為如今的香港政府大球場，原墓地遷往和合石公共墓地，山上馬場先友公墓仍存。

1960 年，日本大丸百貨公司開業，其後松坂屋、三越及崇光三家百貨公司相繼開業。至 1990 年代，各家日資百貨公司漸次結業，如今只餘崇光百貨公司。1960 年代初銅鑼灣裁判署建成，1980 年代拆除，其原址上建成現天后地鐵站。

20 世紀末，該地區迎來快速發展，大坑山麓的木屋區被遷拆，鄰近地區舊屋亦多被拆，改建成高樓大廈及新型屋邨。大坑村舊村屋多被修葺改建，改建後的大坑村又稱為新村。如今舊村建築僅餘兩間單層廊屋，可供研究。

　　香港佛聯會文化中心於 1989 年在此落成。現在，大坑一帶發展為高尚住宅區，其舊日鄉村風貌已無跡可尋。

【註釋】

1　　編者按：清代稱「篙管莆」，後文統一用今稱「掃桿埔」。
2　　編者按：上世紀 60 年代至 90 年代，著名日資企業大丸百貨公司曾開設於此，風靡一時，以致其結業多年，地名仍存。
3　　編者按：清代廣東一種航海商船，以堅固迅捷聞名，最早用於運糧，故稱「米艇」，廣東水師以之巡洋。

鰂魚涌

鰂魚涌一名，在 1845 年英國皇家工程兵團哥連臣中尉繪製的香港島地圖中已有記載。該地有一水涌，自山而下，流出大海，涌中據傳有鰂魚，故而得名。該處土質多石，不宜耕種。香港開埠時，涌畔有水井灣村，居民以採石為業，故英人稱該處為 Quarry Bay（採石場灣）。

1883 年時，太古洋行在鰂魚涌開設糖廠，繼於 20 世紀初興建船塢。因需大量人力，故吸引不少外地人士遷入，在糖廠及船塢工作。太古洋行更在附近興建宿舍，供公司員工住宿。洋行還在附近興建水塘三座，稱「太古水塘」，供生產砂糖之需。

太古糖廠和太古船塢先後於 1970 年代停產結業，船塢原址改建大型屋苑「太古城」，糖廠原址改建「太古坊」及附近的商業中心。太古水塘於糖廠停產後被填平，開發成多個大型私人屋苑。

太古糖廠舊址

原位今糖廠街及附近商業中心一帶，1884 年創建並投入生產。20 世紀初，該廠已成為遠東最大糖廠，產品供應中國內地及亞洲各地。1925 年，糖廠擴建，規模增大。後因鄰近地區煉糖業競爭甚烈，該廠於 1972 年結束煉糖，惟保留包裝及零售業務。1990 年，糖廠業務全部結束，廠廈被拆除，於其原址之上改建多座工商業大廈。

二伯公廟

位鰂魚涌北麓，創建於清光緒十五年（1889），由二伯公後人及坊眾興建，並由二伯公後人管理。1929 年，因管理權問題，

二伯公廟

該廟轉由華人廟宇委員會接管。1985 年，該廟被颱風吹毀，其後重修。廟內祀奉之二伯公，名魏和珍，字石樓，廣東長樂人，生前多行善事。1899 年香港鰂魚涌地區瘟疫流行，二伯公後人禱告求助，不久瘟疫漸去，居民遂為之立廟奉祀。

前鰂魚涌英童學校

位鰂魚涌英皇道山坡上，該校樓高兩層，建於 1926 年。正面左右兩旁各有一入口，門楣上有學校徽號，屋頂上有小鐘樓一座。1984 年，該校遷寶馬山道新址。舊址曾作培志男童院，由社會福利署管理，今空置。

「林邊」紅磚屋

位鰂魚涌郊野公園內，英文稱 Woodside，中譯「林邊」，俗稱紅磚屋（Red Brick House），蓋因其由紅磚及花崗石砌成。樓高兩層，原為中式瓦頂。該建築建於 20 世紀初，為太古糖廠副經理住所。二次大戰時受嚴重破壞。1947 年重修，改為平頂。太古糖廠結業後，該建築遂被空置。至 1985 年，始為國際文化事務協會用作人文發展中心。2001 年，漁護署提出申請，將之改建為郊野公園自然教育中心。

柏架山戰時爐灶

位鰂魚涌郊野公園內，柏架山西北麓。該處舊有多座防空

洞、儲糧室及爐灶,係日軍襲港時,政府提供給市民避難用。如今防空洞及儲糧庫皆已封堵,但四組爐灶仍存。可惜當年戰事只持續十八天,全港便告失守,以致這些設施從未正式使用,僅供吾人憑弔。

太古水塘舊址

原位鰂魚涌山上,鄰近太古公司員工宿舍。1895 年,該公司於鰂魚涌山上建水塘三座,統稱太古水塘,供應山下太古船塢及砂糖生產用水。1980 年代末期,水塘區被開發為屋苑,名康怡花園。

康山太古職員宿舍舊址

位今鰂魚涌康山上。該山得名康山(Kornhill),蓋因該處曾為太古糖廠一位經理的住宅。該經理姓氏為 Korn,小丘遂名Kornhill,中譯作康山。19 世紀末,太古洋行於該山丘上建有員工宿舍多座,皆以紅磚建成,高兩層,以花崗石為基,正面建有遊廊。內中東、西兩座為公司經理住宅,建於 20 世紀初。20 世紀70 年代末期,因城市發展,員工宿舍相繼被拆去,東、西兩座亦於 1982 年拆除。山丘上現已建成屋苑,名康山花園。

太古船塢舊址

位鰂魚涌海濱,曾是香港島上最大船塢。該船塢創建於 1902

年，1907 年完成，可建造萬噸大輪船，亦能修理各類型船隻。1987 年，船塢關閉，其原址發展為私人屋苑，名太古城。船塢之奠基石，今仍豎立在原來位置，以作紀念。

調景嶺

調景嶺舊稱吊頸嶺，原為魔鬼山東北部照鏡環山瀕海處山坡。1905 年，退休公務員倫尼（A. H. Rennie）購入該地，建成麵粉加工廠，名倫尼麵粉廠，或倫尼磨坊。1908 年，麵粉廠因經營不善而破產。倫尼於廠前高地綁上石塊，投水自盡，卻被誤傳為自縊。此地後來遂被稱為「吊頸嶺」，英文名 Rennie's Mill（倫尼麵粉廠，或倫尼磨坊）。

1941 年日軍入侵前，英軍曾於該處建築碉堡等防禦工事，並於倫尼麵粉廠舊址處駐紮防守。日佔期間，日軍進駐該地，並以倫尼麵粉廠舊址作指揮部。其時，香港的中國難民多由此經海路逃入廣東惠陽，再轉移內地。戰後，麵粉廠被拆去，此處只餘一大平地及一廢圯碼頭。

1950 年大批內地來港避亂的難民定居於此，當局許其建立

難民營地，稱該處大平地為「大坪」，並將這一帶易名為「調景嶺」。1997 年，難民營地遷拆，營地前海灣被填平。而調景嶺難民營遺址，即今將軍澳新市鎮景嶺路旁山坡一帶。

舊調景嶺警署，位寶琳南道盡頭，建於 20 世紀 50 年代，規模甚小，1997 年廢置。遺址現用作佛堂，名普賢佛院。

茅湖山觀測臺位舊調景嶺警署背後之茅湖山上，由英軍建於 1941 年日軍入侵之前。日佔期間，日軍將該碉堡用作瞭望臺，戰後廢置。該碉堡以麻石塊砌成，由兩座建築物組成，中以護牆連接。位前方者為圓形建築，高兩層，上層已塌，其四周有牆垣，底層四面開拱形窗七扇，供守衛者向外觀察。背後為一單層斜頂兵房，其頂已塌，開三門，其內間格無存。該碉堡遺址保存良好，其形狀為區內所獨有。相傳日佔期間，該碉堡曾被改建，惟未能考證。

衙前圍村原名慶有餘圍，原位香港九龍城東頭邨之南、舊九龍寨城東門外，係廣府人士建築的圍村，由陳、吳、李三姓人士所創建。

早在北宋末年，江西廬陵陳氏避亂遷入廣東南雄。至南宋末年（12世紀中葉），陳氏族人始遷入今九龍城地區內「衙邊鄉」定居。其時，南宋政府於九龍灣畔設置官富場，並有衙署。衙邊鄉之地，當因位於衙署旁而得名。

元朝中葉（14世紀初），東莞吳家涌吳氏八世祖吳從德三子吳成達，入遷今衙前圍村之地，開基立業，建衙前村。吳成達為今衙前圍吳氏始祖。

至於該村李氏，其先祖原籍及定居衙前村年代無從考知，傳謂與吳氏同時遷入。

衙前村的創建

陳、吳、李三姓先祖於宋代先後遷入官富場旁衙邊鄉，元朝至正十二年（1352）於該處開村定居，取名「衙前村」，居民多以漁農為業。

明嘉靖、隆慶年間（1567-1572），該地區常受寇盜侵擾。衙前村因位處濱海之地，尤易遭海寇肆虐，故於村外加築圍牆以自保，遂成「圍村」。據故老相傳，圍村建於1570年至1574年間，選址得著名風水師賴布衣指點，建成於沙田大圍出現之前。衙前圍村建成後，村民安居樂業，人口繁衍。

清初，明遺臣鄭成功等於東南沿海抗清，清廷為斷絕沿海居民與之接觸，遂於康熙元年（1662）厲行遷海，強令沿海居民遷居內陸。衙前圍村位九龍城海濱，故居民全須遷往內地，圍村遂被廢置。至康熙八年（1669），遷海令撤除，居民始被許遷回。

遷海期間，衙前圍村吳氏四代失其所蹤，族人多流散外地，復界後遷回村內居住者僅十二人。陳、李二姓遷徙情況則無從考證。

慶有餘圍的建立

清雍正二年（1724），吳、陳、李三姓族人合力重建家園，修築圍村，開井而居，並名其圍村為「慶有餘圍」，取「積善之家必有餘慶」之意。清雍正四年（1726），村民於圍內正巷盡頭處闢建天后宮一所，內奉天后神位。雍正十年（1732），圍村舉行第一

次太平清醮，並定下十年一屆之例，至今已舉行二十八屆。

清道光二十一年（1841），香港島割讓與英國。清廷為加強九龍地區防務，於道光二十三年（1843）議建九龍寨城。寨城於道光二十七年（1847）竣工。衙前圍村因位寨城附近，治安較前為佳。咸豐四年（1854）太平天國運動期間，三合會分子曾攻擊衙前圍村，相傳村民得天后顯靈幫助，成功擊退敵人。村民領袖吳樹棠獲政府表彰。

衙前圍與九龍七約

早在復界遷回時，衙前圍與鄰近的衙前塱、大磡、隔坑、石鼓壟、打鼓嶺、沙埔、馬頭圍及馬頭涌等村落，合組「七約」聯盟，以解決村落之間糾紛，並聯合防備盜賊困擾。各村皆奉衙前圍內天后宮所供奉天后為守護神，並聯合舉辦十年一屆的太平清醮，至今相傳不替。

自「七約」聯盟成立之始，衙前圍村始終處於領導地位。如今各村皆被遷拆無存，衙前圍亦面臨清拆重建。不過直到1996年，衙前圍打醮仍以「七約」名義舉行。

衙前圍村向有自衛隊組織，有隊員二十餘人，負責巡守圍村地域，保護村民。1941年12月，日軍佔據香港，不時侵擾該村，村長吳渭池與自衛隊隊長吳華友率眾奮勇抵抗，保土衛民。部分隊員於抗日時期壯烈犧牲，其靈位現仍供奉吳氏宗祠內，享四時拜祭。

衙前圍的形制

衙前圍村為廣府圍村，呈正方形，四角築有更樓，開一門，東向。門前為廣場，前有水溝，舊有吊橋橫跨，18 世紀後改為狹窄堤道。圍門上嵌石額，陽刻「慶有餘」名。圍門內設有土地神位，門樓今已闢作村公所辦事處。

圍內主巷盡頭處為天后宮。主巷左右有六條狹窄橫巷，橫巷兩旁房屋整齊排列，共百餘間。各屋除用作居室外，亦用作柴房及飼養禽畜。各居屋面積不大，開一門，原無窗，近年開鑿窗戶，並裝鐵枝防盜。門內兩旁原為廊，中為天階，今多改建上蓋，與兩廊連接。內進為廳，部分人家安奉祖先靈位，廳後部分及閣樓用作房間。該圍四角更樓及圍牆經已拆除，原貌無存。

衙前圍天后廟

天后廟位圍內主巷盡頭神樓處，規模不大，建於清雍正四年（1726），後於乾隆二十八年（1763）、1937 年、1948 年、1976 年及 1985 年多次重修。

廟門上懸「天后宮」木額，門旁木聯「天恩浩蕩，聲名傳海國；后德巍峨，靈顯在人間」，為 1937 年重修時，由美洲紐約九龍城房全人贈送。聯旁有石獅一對。

廟內正中供奉天后神位。兩旁壁上分別嵌有民國三十七年丁亥（1948）之「重修天后宮碑記」及「重修衙前圍村天后宮捐助善信芳名」碑、1976 年之「廟史」及 1985 年「重修天后宮樂助芳

名」碑。

如今，村民仍奉天后為守護神，四時拜祭，並於每年天后誕舉行酬神慶典。

天后宮門外右首石獅下有石座，呈柱狀，正面陰刻「天后宮，弟子吳朝高，乾隆二十八年（1763）」字樣，柱頂呈碗形，本中空，今為水泥所填。據傳云，該碗狀設計原為舂碎火藥之用。前清時期，為自衛計，村民置有線槍土炮，以火藥發射。想其時火藥須先置於此物內舂碎後，才裝入槍炮內。

吳氏宗祠

吳氏宗祠，原位衙前圍村之西，建於前清光緒二十八年歲次甲午（1894）孟冬，為兩進三間式建築，用以崇祀吳氏先祖，兼作教育族內子孫的學堂。20 世紀中，政府開發該區土地，舊祠遂被遷拆。新吳氏宗祠另建村後現址。新吳氏宗祠為新型壹間式建築，建於 1962 年，門楣上懸「吳氏宗祠」木額，門旁懸木聯云：「箕裘綿世澤，支派享延陵。」祠內仍奉祀吳氏列祖靈位。

新宗祠旁為吳氏至德學校，建於 1961 年，為一新式小學，樓高四層，設備完善，惜收生不足，已於 2008 年停辦。

該圍經歷多次歷史變遷，並歷多次重修改建，其舊貌已失，惟門樓及圍內之天后宮仍存，可作該圍之歷史見證。如今，九龍地區經已發展為現代都市，該圍舊建築所存無幾，只餘門樓、圍內數小房舍及天后宮，立於石屎森林之中。

　　九龍舊日的蒲崗村及竹園村，為福建湄洲島林願後人所創立。隋代時，右丞林茂遷居莆田縣，其後代支派定居莆田比螺村。二十餘傳至宇尚公，其後人再分支移入粵東各地。[1]

　　北宋末年，長勝公（字昌宗）遷居「廣州府新安縣官富司管下土名官富山大飛鵝山下鵝公塱彭埔圍」。長勝生二子：長雲遠，生松堅、柏堅；次雲高，生梧堅、梅堅及桂堅。當時林氏闔家以船運為業，往來閩粵兩地間。[2]

　　南宋末年，松堅子道義曾於香港東部佛堂門遇風沉船，幸能扶船上供奉之林大姑（即後世天后）神位上岸，初於南堂（今東龍島）海濱設壇安奉，後轉供奉於北堂，並建廟宇。[3] 道義亦曾於廟後勒石紀事。[4]

　　道義公（三世）七傳至述倫公（十世）；述倫公生乾業、乾興

及乾藝，於明代中葉（16世紀間），人口漸眾，近數百口，均皆居彭埔圍。[5]

清康熙元年（1662），朝廷為禁沿海居民接濟沿海寇盜，遂厲行遷海令，迫使沿海居民遷回內地，彭埔圍居民遂遷回內陸，房舍廢置。[6]康熙八年（1669）展界，居民遂遷回復業。康熙十五年丙辰（1676），臺灣海寇李奇及惠州賊寇相繼侵擾香港沿海地域，彭埔圍被攻破，圍內居民無一生還，僅外出牧牛幼童及攻書者數人得免。[7]因該圍被盜賊搶掠，房舍被毀，故時稱爛圍。[8]

其時，族中劫餘生還者多逃入鄰近的竹園村，依親居住。事後，一些人遷回故地，於廢村（爛圍）旁另建房舍居住。亦有失蹤者被尋回，林氏族人合力重建家園，稱蒲崗村。村內房舍，分東、西、中三區。[9]自後，林氏遂定居蒲崗及竹園兩地。

至20世紀中葉，該區發展為市鎮，二村先後被遷拆，成為如今新蒲崗及竹園兩地。而林氏家族至今已二十四傳。[10]

今嗇色園黃大仙祠入口旁，有林氏十一世祖及十二世祖墓穴。該墓主碑上刻「明十一世祖乾藝、十二世祖敬廷林太公合墓」，為林氏三大房於1932年時重立。其旁碑石上刻「十一世祖妣吳氏安人、十二世祖妣屈氏孺人、十三世祖考喬德林公、妣劉氏孺人及周氏孺人及紀念福德林公合墓」，為眾房子孫於一九八六年歲次丙寅吉旦重修時立。

據族譜所載：十一世祖乾藝公及十二世祖敬廷公同葬土名沙坑埔之地；十一世祖妣吳氏安人及十二世祖妣屈氏夫人同葬土名

望牛嶺之地。[11] 十三世祖喬德公乃乾藝公之孫，敬廷公之子，屈氏孺人所生，康熙十五年（1676）臺灣海寇攻圍時失族滅命，與周氏及劉氏合葬於望牛嶺。[12]1932 年，林氏後代族人重修墓地，並為之立碑合誌。其墓今仍存。

【註釋】

1　《九龍竹園蒲崗村林氏族譜》，頁 7。
2　《九龍竹園蒲崗村林氏族譜》，頁 8。
3　《九龍竹園蒲崗村林氏族譜》，頁 17，北佛堂小引條。
4　詳見北佛堂天后古廟背後之南宋石刻。
5　《九龍竹園蒲崗村林氏族譜》，頁 9。
6　詳見拙著《清初遷海前後香港之社會變遷》，第三章，頁 92-116。
7　清舒懋官《新安縣志》，卷十三，〈防省志〉，〈寇盜〉，康熙十一年及十五年條。
8　《九龍竹園蒲崗村林氏族譜》，頁 8 及頁 40，十三世祖喬德公條。
9　《九龍竹園蒲崗村林氏族譜》，頁 43，十三世祖長子日煥公條。
10　據該族二十三傳林大邦所告。
11　《九龍竹園蒲崗村林氏族譜》，頁 38，十二世祖敬庭公條。
12　《九龍竹園蒲崗村林氏族譜》，頁 38，屈氏祖妣條。

　　大磡村原位九龍鑽石山，即今龍蟠苑與荷里活廣場附近，為朱仁鳳於清朝乾隆間所創建。該村朱氏原籍廣東長樂。清乾隆三十六年（1771），其祖朱居元（1723-1781）攜八子入居港島石塘咀，開山打石，建石塘咀村。其時，該地猛獸和海盜為患，朱氏一族不勝其擾，遂遷九龍沙挖埔（沙埔仔），仍以打石為生。

　　朱居元三位兒子另遷港島石澳鶴咀開業，其第八子朱仁鳳（1771-1843）則分遷九龍大磡村，立村置田，並建屋宇及祖祠。其後歷數代，朱氏子孫繁衍，分三大房，為東九龍地區頗具規模之宗族。

　　二次大戰時，日軍襲港，該村備受破壞。日佔期間，日軍為擴建啟德機場，將鄰近鄉村拆毀，加建軍事設施，大磡村亦於其時被夷為平地，村民遷居他處。日軍於該地修建菇形碉堡一座，

用以防衛。

戰後，國內人士避亂香港，聚居舊村南面戰前瓦窰頭村處，建築寮屋居住，亦取名大磡村。此舉令朱氏再難遷回重建家園。其時，該村居民多貧苦大眾，房舍為木屋或石屋，環境擠迫，且缺水電。1954 年，村內居民自組大磡村街坊福利會，以互助方式解決日常生活問題。1957 年，大磡村與該區其他鄉村合組東九龍居民委員會。

1970 年代，政府興建龍翔道及大老山隧道，開始收回大磡村附近土地。至 2001 年初，該村已全被清拆，遺跡無存。

如今此處只餘日佔期間所建菇形碉堡，但亦已為草叢所掩。區內草叢中，舊日村舍牆基間或可尋。

大埔沙羅洞

沙羅洞位香港新界大埔東北部一山上盆地，四周被八仙嶺郊野公園環繞。該盆地為淡水沼澤地帶，中有大小河溪灌溉。據云，該地原名沙螺洞，蓋因此處盛產一種淡水螺，土名沙螺，可供居民食用。其地以「洞」為名，傳聞係因客家話中「洞」意為「凹陷盆地」。至於何時始改稱沙羅洞，則無法考據。

該地位處偏遠，自古鮮有人居住。清康熙復界後，直至乾隆年間（1736-1795），始有刻苦耐勞的客籍人士遷入，開墾農耕，建村開業。其時，潮州程鄉張氏遷入該地，建沙羅洞老圍，以農耕及狩獵為業。據云，該地原有陸氏居住，惟於張氏抵達後遷往他處，今仍有遺跡可尋。康熙二十八年（1689），惠州歸善李子禎遷入該區船灣圍下，其子李維仁與沙羅洞張氏通婚，並遷入該地，合力墾荒耕種。

19 世紀末，該地人口繁衍，因老圍之地不足張李兩姓人士共同居住，張姓居民遂遷居老圍西北，另建新村，即今沙羅洞張屋。老圍之地留作李氏居停之所，今稱沙羅洞李屋。兩姓族人於當地種植稻米及蔬菜，又飼養家禽牲畜，其出產運送大埔太和市售賣。

該地因處偏遠，須翻山越嶺始能前往其他鄉村與市集，出入均賴區內石砌古道及沿途所立「問路石」指示方向。該古道名為鳳馬古道，起自大埔鳳園，經沙羅洞、平山仔、鶴藪圍，至馬尾下、打鼓嶺及沙頭角等村。此處鄉村離官府甚遠，易受盜賊侵擾，居民須自組更練，保衛家園。故村民多習武練功，並與鄰近鄉村合組鄉約，以作聯防支援，該鄉為大埔七約成員中的「集和約」。

上世紀 60 年代後，區內居民以該區遠離市區、交通不便，故多外遷謀生。彼時，基督教互愛中心曾於張屋內設戒毒所。至八十年代，兩姓居民皆放棄農耕，闔村遷至大埔墟生活。如今李屋已荒無人居，張屋則僅餘一家留守。該地亦已由發展商收購，等候開發。

沙羅洞李屋為客家村莊，有房屋兩排。村內建築皆為廊屋，有斗廊屋與平廊屋之分，皆單層，磚石砌建，各屋內有水池及灶頭，可供煮食。村口有張氏家族墓塚一座，分四墓，原立於前清宣統元年（1909），近於 1961 年時重修。村尾有李氏家祠。

張屋亦為客家村莊，建築分六行排列，有廊屋六十餘間、家

祠三間。房屋部分破落，今餘約五十間及一家祠可尋。建築樣式亦為單層斗廊屋及平廊屋，內有水池及灶頭，皆由磚石疊砌。家祠位村口處，名為三益堂，附供觀音大士。村後為風水林。

如今，沙羅洞鄉已廢置，除兩氏各有一家祠及墓塚仍保存完好外，其餘房屋皆日漸破落。區內生長有不少蜻蜓、蝴蝶及雀鳥，今成著名自然環境保護區，供人進行文化與生態旅遊。

　　城門谷，位於新界針山以西，中有城門河，河之上游，舊有
城門村。該地之名「城門」，蓋因此處古有一石砌城門。據簡又文
先生於其〈宋末二帝南遷輦路考·十六·淺灣〉之附錄城門條
載：「據故老傳聞：荃灣附近有城門（地名），即今城門水塘所在
地，原係宋末荃灣一帶鄉人築石城以抗元兵之處。」是則該地得
名城門，始自宋末。

　　清初，李萬榮尊奉桂王永曆，率部據守新安大鵬所，並佔鯉
魚門北之雞婆山，勒收「行水」[1]。復於沙田圍西面針山谷地築城
駐守，以抗清兵。順治十三年（1656），李萬榮為清總兵黃應傑困
降，石城亦被毀去。

　　該鄉由城門老圍、白石窩、碑頭肚、石頭見、芙蓉山、南房
肚、大碑瀝及張屋八村組成，合稱「城門八村」，居民以鄭姓居
多。該地鄭氏先祖原居海陸豐。清初，鄭氏十八世祖善公從東莞

縣遷往新安縣定居。鄭善死後，其妻兒則遷荃灣狐狸峽（今和宜合村）落籍，建大圍村，即城門老圍。

19世紀初，城門、荃灣、青衣一帶山嶺上，曾種有大量菠蘿。據文獻記載，此種菠蘿與今市面所售之泰國小菠蘿外形、大小、味道皆相似。屈大均《廣東新語》寫到：「波羅樹，即佛氏所稱波羅蜜，亦曰優缽曇。」《新安縣志》與新界理民官所寫的農物報告，均有新界農人種植菠蘿的記載。城門有山坳以菠蘿為名，其後此地修建堤壩，亦稱作菠蘿壩。

1920年代，政府興建城門水塘。城門一帶居民遷到錦田及和合石：遷往錦田者建錦田城門新村，往和合石處者建和合石城門新村，二村至今仍存。當時城門有菠蘿種植地約四十二英畝，政府為每一千棵菠蘿樹賠款二十元，不論大小高矮，又提議農人另覓新地種菠蘿，亦容許農人收到賠償後將樹移走。

水塘由亞歷山大・賓尼與狄勤公司（Sir Alexander Binnie, Son & Deacon）設計，由工程師芝佛侯爾監督建造，於1932年動工，1937年竣工。該水塘主壩高二百八十呎，儲水量為三十億加侖。築壩材料就地開山採取，所用英坭 [2] 由青洲英坭廠供給。建築期間，工程進行多受困阻，其中瘴癘尤為嚴重。華工二千五百人中，百分之二十為病魔所纏。施工人員遂築長渠二十二哩，洩去九百八十六英畝積水，瘴魔始為所驅。該水塘初名城門水塘，後為紀念英皇佐治五世登極二十五年，港政府乃將水塘易名為「銀禧」。但「銀禧」之名不如「城門」之名普及。今自荃灣通往水塘的大道，亦稱城門道。

【註釋】

1　編者按：即過路費、買路錢保護費。
2　編者按：即水泥。

CHAPTER 05

人妖※

鄭連昌，乾隆年間（1736-1795）香港東部地區名盜，為明末反清復明義士鄭建的曾孫。

鄭建相傳為明延平郡王鄭成功部將，因不及隨鄭成功遷走臺灣，乃率部眾退入廣東，繼遷大鵬灣一帶。其子孫恥食清粟，遂據香港東部水域，且與沿海勢力勾結，擄人勒贖，成為雄霸一方的海盜。

鄭建與鄭成功並無親戚關係，明鄭藩下官爵表中亦查無鄭建名號，可見其與鄭成功僅姓氏相同，聯繫未必緊密，且未被授以要職。但觀其行事，當為明末遺臣無疑。

鄭建生三子：衛明、衛民、蘇忠。鄭衛明生衛朋；鄭衛朋生鄭連昌；鄭連昌生鄭文顯、鄭三。鄭文顯，字耀一，又名鄭一，娶妻石陽，號石香姑。嘉慶年間（1796-1820）名盜張保仔

為其義子。

乾隆初年，鄭連昌據鯉魚門北面山嶺為巢穴，擄人勒贖，並向過往商船勒收行水。其山巢之所在被稱為惡魔山，即今鯉魚門北岸之魔鬼山。鄭連昌於山腳濱海處建一天后廟，祀奉天后元君，並以之為哨站，派盜眾駐守，監視過往船隻，並防範官兵進剿。

1953 年間，工人於修築鯉魚門天后古廟內神座時，發現一塊石碑，高一尺二寸半，闊五寸半，厚三寸半。碑上鐫文橫刻「天后宮」三字，直刻文字兩行：首行「鄭連昌立廟，日後子孫管業」；二行「乾隆十八年春」。近「業」字部分已經崩損。觀此石碑文字，可證鄭連昌確有其人，更證實其部下曾佔據鯉魚門之地，且曾建廟祀奉天后，並暗作哨站之用。

蕭雲厂（庵）在《鯉魚門的海寶藏》一文中，提到澳門鄭金水所藏鄭氏族譜第一頁有隱語云：「三叉水溝，鯉魚疊石八尺高，黃沙是金子，祖先大事可重修。」後還附小字一行，文云：「謹錄連昌公木主」。蕭君據隱語所示，至鯉魚門茶果嶺一帶查訪，於兩區交界一山坳中，發現一石洞與石壩。據當地老者云：此石壩本為泥土所蓋沒，後為山水沖刷，露出此石壩，其下有一洞，漁民用作蓄水池。壩下石洞由人工築成，但工程頗艱，非普通漁民所能建造。此石洞疑為鄭連昌藏寶洞，惜年代久遠，洞中已無寶物。近年該區發展迅速，工程頻仍，該洞所在地已不能復考，只得錄之以存疑。

鄭連昌有堂兄名鄭連福，據香港西部大嶼山一帶為盜。其第七子名鄭七，原名鄭耀煌，亦粵東名盜，乾隆末年率盜眾助安南阮景盛復國，被封大司馬。後為黎福影率安南軍民所敗，鄭七被大炮轟死，手下盜眾被其堂弟鄭一收併，號紅旗幫。

鄭連昌興建鯉魚門天后宮的碑石現存該廟內，可供研究。

鄭連昌立廟碑（拓片）

鯉魚門天后廟

20 世紀初，安南海盜沒落後，廣東出現鄭文顯、麥有金、林阿發、郭學顯、梁寶等多股海盜集團。[1] 其中郭學顯即郭婆帶。此人個性豪放，才能拔群，擁有數百船隻，船艙中堆放着曾經閱讀過的各種奇書。其傳奇膾炙人口。

珠江三角洲的盜匪

嘉慶初年，以廣東沿海為活動中心的海盜集團以黃、藍、青、紅、黑、白等色旗號區分各股勢力，各有小夥分附。另外有福建的蔡牽等海盜作呼應。珠江三角洲盜匪勢力分佈情況如後：[2]

旗號	盜首	黨羽	活躍區域
黃旗	吳知青，諢名東海伯。	李宗潮附之。	三寇盤踞西路高、廉、雷、瓊、欽、儋、崖、萬等州沿海地域。
藍旗	麥有金，烏石人，因號烏石二。	其兄麥有貴、弟麥有吉附之。海康附生黃鶴為謀士。	
青旗	李尚青，諢名蝦蟆養。		
紅旗	鄭文顯，即鄭一，其妻石氏即日後盜首鄭一嫂。	張保、郭婆帶、梁寶等附之。	三寇盤踞東路惠、潮沿海及中路廣、肇沿海地域。
黑旗	郭婆帶，番禺人，向業漁，為鄭一所執，並擄其父母兄弟，遂脅從鄭一；鄭歿始率眾自成一股，旗幟色異，號黑旗。	馮用發、張日高、郭就喜附之。	
白旗	梁寶，諢名總兵寶。		

黑旗郭婆帶的禍患

郭婆帶，乾隆三十五年（1770）生，童年時，被海盜鄭文顯（鄭一）所擄，從小淪為海盜。嘉慶九年（1804），郭婆帶、烏石二、鄭一等流劫海洋，掠新安屏山、固戍、榕樹灣等處。[3] 嘉慶十年（1805）八月壬寅夜，郭婆帶率船三百餘，由獨子洋攻擊大黃圃鄉，但遭當地居民反擊，翌日被迫放棄大型船三艘逃逸。後再度襲擊港口，但知縣彭昭麟令當地士紳共同防禦，郭未能得逞。[4] 嘉慶十四年（1809）六月，海賊郭婆帶率船百餘，圍小欖

泊第九嘴。[5] 七月初二日，郭婆帶分船掠至大黃滘，繞水師營而去。[6] 他們襲擊商船，並向其勒收行水（採用某種徵收金錢的制度或方式），以此保證商船在海上航行之安全。[7]

郭婆帶投誠

郭婆帶剽掠日久，漸生歸順朝廷之念。嘉慶十四年十二月，郭婆帶率盜眾五千餘人，並擒獻張保仔手下匪夥三百餘名，又呈繳大小船九十餘隻、砲四百餘位，於廣東省惠州府歸善縣所屬平海所，向清朝政府投降。[8] 朝廷賞郭婆帶官把總，令其隨同捕盜。[9] 粵東各海盜最後結局如後。

粵東海盜最後結局

旗號	盜首	最後結局
白旗	梁寶	嘉慶十四年六月，為總兵許廷桂擊斃於槓甲門，餘眾併入紅旗。
黑旗	郭婆帶	於嘉慶十四年十二月，率眾於惠州府歸善縣平海所投誠，副將洪鰲點閱降眾，共收八千人，船一百二十八號，銅鐵砲共五百尊，兵械五千六百餘。群下散處陽江及新安者，婆帶亦招之歸降。婆帶降後，改名學顯，授把總職。後辭官，卜居羊城，延師以課子。母葬白雲山麓，每歲攜子掃墓，樸素如村農。後以壽終於家。馮用發、張日高、郭就善等亦降。
紅旗	石氏（鄭一嫂），頭目為張保	於嘉慶十五年（1810）三月投降。其時投誠幫船二百七八十號，夥眾一萬五六千人。鄭一嫂並各家口送省城安置。張保留船二三十號，協助下洋緝捕餘盜。寇患平後，張保因軍功賞戴花翎，以守備超升。嘉慶二十四年（1822）卒於任內。鄭安邦、梁皮保、蕭稽蘭及蕭步鰲等亦降。

旗號	盜首	最後結局
黃旗	吳知青，頭目為李宗潮等	嘉慶十五年（1810）四月，於七星洋為官軍所敗，吳知青及李宗潮等三百九十人被擒。吳、李二盜首皆戮於市。
青旗	李尚青，號蝦蟆養	於黃旗被剿後，亦於放雞洋水域被官軍圍剿，部眾被擒斬幾盡。李尚青棄其餘眾，潛逸呂宋，其後不知所終。
藍旗	麥有金，號烏石二	於嘉慶十五年五月，於高州海面被官軍圍剿。烏石二為張保部屬梁皮保擒獲。其兄麥有貴（烏石大）為提督童鎮陞與孫全謀追擒。副將洪鰲及都司胡佐朝擒其弟麥有吉（烏石三）。謀士黃鶴亦於是役被擒。其後總督百齡親至雷州，各師於雙溪港口獻俘，共獲盜五百人，受降三千四百六十人，船八十六艘，銅鐵砲共二百九十一尊，兵械一千三百七十二件。盜首烏石二、烏石大、烏石三、黃鶴等一百二十七人皆斬於海康北門外。

郭婆帶雖以剽掠為生，然性頗好學，其盜船上書籍鱗次。歸降後，兩廣總督百齡欲委之為官，婆帶力辭，後隱居廣州，延師以課其子。其母葬於白雲山麓，婆帶每歲皆攜其子前往掃墓，裝束樸素如村農，後以壽終於家。其墓位置今亦無考。巨盜能有如此好的收場，亦創聞也。然其後代聲名不振。[10]

郭婆帶的供述

郭婆帶投降清朝的供述，藏於中國第一歷史檔案館，檔號3-166-8978-34，軍機處錄副奏摺 —— 農民運動類之「那彥成等奏

報粵洋『盜首』郭亞婆帶、黃正嵩、馮超群等服報降並辦理情況的文件，自嘉慶十年十一月二十八日起，至嘉慶十五年六月二十九日止，卷內共十四件」中。全文錄後：

供單

郭學顯，即婆帶，供年三十九歲，係廣州府番禺縣人。向在新安、東莞一帶洋面捕魚為生。乾隆五十年間，被盜首鄭一將小的父母兄弟全家擄禁，逼伊上盜，那時張保仔年幼，亦被擄入夥。嘉慶十二年，鄭一身故，張保仔同鄭一之婆、鄭一之姪鄭保養，接管船隻。小的自領一幫，往來海面，圖劫商船，待贖為生，從未敢拒敵官兵、擄殺人口。人欲投誠，恐到官治罪，是以遲延。近見各處接濟稀少，愈覺害怕。因覓線人，求高委員轉稟蒙諭，擒獲巨匪，率領夥黨，星繳船隻砲械，方准投首。小的因一時不能立功，仍在外洋遊奕。後因張保仔被官兵圍困於赤瀝角洋面，令夥黨邀小的前往救援。小的因投誠心切，不敢往援。

隨於十一月間，將母親及兄弟子姪等，在雷州府海康縣港口，報明上岸。並令未能歸幫之頭目馮發、郭就喜、張日高們，共四百七十九名，分往陽江、新安等縣海口，陸續報明投首。小的帶同夥黨船隻來投，駛至大星洋面。不料張保仔懷恨小的不去救他，又聞知小的欲行投誠，遣其夥黨，駕船前來截打。小的隨率眾與他打仗，擊斃張保仔夥黨，併落海淹死一千餘人，生擒三百餘名。奪獲張保仔船十二隻，又米艇官船四隻。時有東海霸幫內頭目馮超群等，欲

行投首，小的隨帶同馮超群等船隻、砲械，一併駛至平海港，報知守口文武官員，並稟知高委員轉稟。

　　現在小的幫內，連馮超群幫內，共有夥眾五千五百七十八人、婦女幼孩八百餘人、大小船一百一十三號、大小砲位五百餘門、刀鎗等項器械共五千六百餘件。內有銅鑄夷砲八十七位，係鄭一從前在遭風沈溺夷船內撈獲。其有鏨字官鑄砲位及古砲，有鄭一分給的，亦有奪得張保仔所劫官船內原有的。又安南民人四十九名，係從前總兵保匪船在夷洋擄捉。總兵保被官兵打死，夥黨全散，他們投入小的幫內。現在海上祇有小的小船十二隻、夥黨數十人，未得招回。此外再無船隻在海，如有假冒小的名號，駕船搶劫者，祇求拿到治罪。小的同名頭目，既蒙奏乞聖恩免死，十分感畏，情願帶同頭目等，隨同官兵出洋緝捕。又烏石二、東海霸兩幫，亦欲投誠。情願寄信，令其速來，以贖重罪，所供其實。[11]

【註釋】

1　《清史稿》，卷三百五十，〈列傳一百三十七〉。
2　清袁永綸《靖海氛記》，卷上。
3　清戴肇辰《廣州府志》，卷八十一，〈前事略七〉，嘉慶九年條。
4　清戴肇辰《廣州府志》，卷八十一，〈前事略七〉，嘉慶十年條。
5　清戴肇辰《廣州府志》，卷八十一，〈前事略七〉，嘉慶十四年六月條。
6　清戴肇辰《廣州府志》，卷八十一，〈前事略七〉，嘉慶十四年七月初二日條。
7　清陳澧《香山縣志》，卷二十二，〈紀事〉。
8　《那文毅公（彥成）兩廣總督奏議》，卷十三，〈剿撫洋盜告示〉；又見趙翼《簷曝雜記》，卷六，〈海盜來降〉。
9　《仁宗實錄》，卷二百二十三，嘉慶十四年十二月癸丑（二十八日）條。
10　清戴肇辰《廣州府志》，卷一百六十二，〈雜錄三〉；清史夢蘭《止園筆談》，卷二；清梁章鉅《楹聯叢話》，卷十二，〈雜綴〉；清梁紹壬《兩般秋雨盦隨筆》，卷一，〈郭婆帶〉；又見採訪冊。
11　引自松浦章著，卞鳳奎譯：《東亞海域與臺灣的海盜》（臺北：臺灣博揚文化，2008 年），頁 130-131。

李陞與西環的發展

李陞（升），諱璿，字象薰，號玉衡，人稱大班旋，廣東新會七堡加寧里人，生於清道光十年庚寅（1830），為 19 世紀香港重要華人領袖之一。祖父李猷立（諱達聰），生滿德（諱宗榮）、惠德（諱體仁）；滿德生象泰（諱耽良）、象心、象參、象尹、象全；惠德生象芹、象芳、象薰（即李陞）、象蓮（諱哲）[1]。其祖父李達聰，曾以巨資效力朝廷，襄辦善舉，受朝廷表彰，光緒十二年（1886），三代一品封典。李陞亦受封二品頂戴花翎，候補守巡道，誥封儒林郎、直隸州同知、通奉大夫等職銜。李陞伯父李宗榮遷居廣州，家境殷實。父親李體仁，在兄弟中排行第二，後遷居佛山。李陞兄弟四人：長兄李象芹，任按察使司知事；二兄李象芳，任縣丞；李陞排行第三，自小聰敏過人，勤奮好學，精於算術，年青時在鄉教學；四弟李哲。[2]

香港開埠翌年（1843），李陞堂兄李良（又名李耽良、李担梁）來港開辦書畫店。公擅國畫，時西人好此者頗眾，咸傾慕公，公因是交遊廣闊，漸悉海外商場情況，後遂改事貨殖。清咸豐四年（1854），太平天國義軍圍困新會城，李良返回七堡加寧里，帶同李陞及李哲前往香港，助其發展業務，李陞被委管賬理財。[3]

其時，因社會安定，國內居民入遷日眾，致香港島人口增長快速。1898年，香港島人口數為254,400，到1904年，居民已達361,206人，平均每年增加約七千人，年增長率達3%。[4]香港地區山多平地少，缺乏建屋土地，加上美國西岸的加州及澳洲分別於1849年及1851年發現金礦，需要大量華人勞工，李良、李陞兄弟遂開設和興金山庄，與舊金山通商，進行勞工出口貿易。[5]李陞工作勤奮，生活節儉，數年間，積累財富，與李哲合創禮興金山庄。[6]

1857年，李陞與兄長李良投入巨資，在香港西環沿海一帶填海，大量購地，除用於建碼頭、設倉庫外，亦開銀號從事金錢兌換，又經營進出口貿易生意，承辦來往廣州、香港、澳門、新加坡、馬來西亞等地民間或華僑間銀信（書信、金錢、貨物）傳遞。傳遞銀信者俗稱「巡（城）馬」，又稱「水客」。[7]李陞兄弟又通過轉賣土地及房產，賺取巨額利潤。[8]

1864年，李良去世，李陞成為族中領袖，繼續發展其龐大業務。李良臨終託孤於李陞，使代管遺產。[9]李陞甚誠實，待族兄李良之子李茂才長大，乃將所得多倍歸還，時人義之。[10]1868年賭

博合法化，李陞承攬當年的賭博壟斷權。1869 年，李陞與多位華商發起創立東華醫院，為華商公局（今中華總商會）創辦人之一。70 年代後期，李陞開始投資實業，先後與其他華商創辦安泰保險公司及廣州城南地基公司，開發大嶼山鉛礦和儋州銀礦，還發起創辦華合電報公司、省港澳輪船公司等。置地公司成立時，他也是創辦人之一。其後財富大增，遂成香港首富：1876 年在香港納稅大戶中名列第十一；1881 年則名列榜首。1877 年，他與何亞美等籌資 40 萬元，創辦安泰保險公司。香港西營盤李陞街、皇后大道高陞大戲院及銀號數座皆由其斥資興建。1880 年，港府於港島北岸西部開闢石塘咀及堅尼地城兩約時，李陞看準機會，於香港西營盤投資建屋，又開闢高陞街、和風街、甘雨街、松秀東街、松秀西街及西環七臺等地物業。[11]

其時，在港華人每與洋人發生糾紛，李陞經常出面排解。他與海外僑胞亦能聯絡感情，對鄉親及宗族大事，皆盡力協助處理，故深得僑胞信賴。[12] 故得以參與香港政府的填海工程，獲利巨大。

李陞兄弟曾保衛七堡鄉族，為七堡世代所景仰。1871 年仲夏，七堡居民舉辦酬神會，延請戲班演神功戲，慶祝每年一度關帝誕，其間村民聚賭。時新會右營把總梁天爵乘機勒索錢財，勒索不遂，竟指使手下毆斃鄉民。村民扣留梁天爵，控告其指使殺人。豈料守備李榮光反誣七堡為賊窩，且上報調兵，以圖洗劫七堡，鄉民聞風四處逃避。李陞得知後，聯同其弟李哲急電直隸總

督兼北洋通商大臣李鴻章及禮部侍郎李文田等出面，請求廣東總督瑞麟查清事實，洗刷冤情，懲辦污吏，事件始得平息。[13]

1880 年，在李陞等人倡議下，東華醫院成立文武廟義學，為貧民子弟提供免費教育。1900 年，李陞去世，港府向其後人徵收的遺產稅達六百萬元。李陞有八子，其家產分作九份半，長房李寶光得兩份，幼子李寶椿得份半，其餘各子各得一份。

李陞妻區氏、凌氏。[14] 區氏生寶光、寶森；凌氏生寶倫、寶龍、寶鑑、寶羅、寶鴻、寶椿。[15] 長子李寶光，得中秀才，為江蘇候補道員。次子李寶森，清末任按察使司知事。三子李寶倫，別字紀堂，曾加入興中會，支持孫中山先生革命，對革命捐資最多，除將全部身家捐獻革命外，並因負債而身陷牢獄，其捨利取義之舉永留史冊。四子李寶龍，得中秀才，後繼承父業，發展生意，港島西區今仍有李寶龍臺，以作紀念。六子李寶羅，歷任廣東航政局局長、香安督緝局局長、多處鹽場知事、廣東財政廳顧問，獲三等嘉禾勛章。幼子李寶椿，繼承家業，身家較父輩更豐。他於 1954 年 9 月創辦李陞小學；1958 年創立西營盤及大坑的李陞小學；獻巨資支持醫療事業；創辦凌月仙育嬰院及李寶椿健康院；1963 年成立李寶椿慈善基金，資助學生海外留學。李寶椿之子李兆增於 1987 年捐資籌建香港李寶椿世界聯合書院。[16]

西環七臺分別為太白臺、羲皇臺、青蓮臺、桃李臺、學士臺、李寶龍臺及紫蘭臺，位港島石塘咀以西堅尼地城海旁山麓，東臨李寶龍路，西臨山市街。地初由李陞購入，交兒子李寶龍管

理，後發展為遊樂場，繼改作住宅區。

　　李寶龍十分崇拜唐朝詩人李白，西環七臺之名多與李白有關：太白臺取自李白名字；青蓮臺取自李白別號；桃李臺源於李白詩作《春夜宴桃李園序》；羲皇臺由來為李白曾在《戲贈鄭溧陽》詩句中自稱羲皇人；學士臺指唐玄宗曾任命李白為翰林學士；紫蘭臺中的「紫蘭」曾在李白詩《答杜秀才五松見贈》中出現。後人為紀念這位地產商，故將此住宅區另一邊之街道命名為李寶龍路，而七臺中的一臺則命名為李寶龍臺。

　　1924年，李寶龍因生意失敗，被迫出售西環七臺，以致位於青蓮臺的魯班先師廟幾需拆除，後合興公司的李星衢和譚煥堂答允保留該廟，並交由廣悅堂管理，今仍之。如今西環七臺的舊日住宅多已被改建。

【註釋】

1　李良堂號居仁堂，李陞堂號安仁堂，李哲堂號居安堂。

2　詳見《新會七堡雲步李氏宗譜》。

3　《李氏居安堂家譜》，〈耽良公傳略〉。

4　H.J. Lethbridge, *The Hong Kong Guide 1893*, Kelly and Walsh Ltd., Shanghai, 1893. Reprint OUP, 1983, pp.40-41.

5　《李氏居安堂家譜》，〈耽良公傳略〉。

6　《李氏居安堂家譜》，〈鏡泉公傳略〉。

7　近年坊間發現1930年代郵政投遞木印章三枚，印章文字分為：
（1）七堡省城李良記帶；（2）安記渡三埠七堡省城巡馬李良帶；（3）七堡省城巡馬李良。
由之可見該銀號之投路線為三埠（平）—七堡（新會）—省城（廣州）。而安記渡於1946-1949年間仍為行走三埠至廣州的機動客貨船。考清末及民國期間，廣府各區鄉都有來往廣州、香港、澳門、新加坡、馬來西亞等地之個體郵，俗稱「巡城馬」又稱「水客」，承辦民間或華僑間之書信、錢、物傳遞。建國後，1950年7月，為溝通外匯進行反禁匯鬥爭，國家鼓勵建國前之私營僑匯復業，對八名復業「巡城馬」仍發給僑批員執照，接僑匯，至1967年才撤銷。其餘來往城鄉間的「巡城馬」，多在1949年底停止營業。此等印鑑可証實江門五邑等地確有巡（城）馬承辦郵書信、錢、物傳遞，戰後此地仍有人從事該職業。

8　《李氏居安堂家譜》，〈玉衡公傳略〉。

9　李茂才於民國時曾任參議院議員。

10　《李氏居安堂家譜》，〈玉衡公傳略〉。

11　《李氏居安堂家譜》，〈玉衡公傳略〉。

12　《李氏居安堂家譜》，〈玉衡公傳略〉。

13　詳見《新會七堡雲步李氏宗譜》之〈七堡辛未之難篇〉。與《李氏居安堂家譜》中〈玉衡公傳略〉所載相同。

14　凌氏，名福禧，字月仙，番禺深井鄉人，凌守備織揚公三女，十六歲於歸李陞。詳見李安仁堂1923年刊送的《凌月仙哀思錄》。

15　詳見《李氏居安堂家譜》，〈玉衡公傳略〉及李安仁堂1923年刊送的《凌月仙哀思錄》。

16　詳見《李氏居安堂家譜》。

鄧蔭南，原名松盛，字有相，行三，故又稱鄧三，廣東開平人。幼年肄業於開平公學堂。早歲從事革命，為清廷特務偵悉，故改名曰三。因其年亦長於同群，故稱之三伯。性剛毅，有奇志，善槍法。壯遊檀香山，於當地華文學校肄業。後於茂宜島經營糖業，有華工數千人，獲利甚豐，因其慷慨好施，人多敬之。與孫中山兄德彰友誼至篤，為三合會會員，其兄為檀香山致公堂執事。1894 年，於檀島結識孫中山先生，加入興中會，並傾家以助革命，被舉為副主席。翌年，隨孫中山先生回國，於香港開設乾亨行，協助主理革命事宜，並與李紀堂等共創「中國日報」。

1895 年乙未，廣州之役失敗，陸皓東等就義。鄧蔭南避居澳門，其後返廣州，與日人設東亞同文會於寶慶新街，借以策反清軍。同時，李紀堂於香港屯門青山白角處，闢青山農場，鄧蔭南

任農場經理，於該地接待革命工作人員，並購運軍火，供革命用。

1900年惠州三洲田之役、1902年李紀堂及洪全福等謀於廣州起義，皆由鄧蔭南任後方接濟。事敗後，蔭南避居澳門，然經此數役，其家被毀。

1911年辛亥武昌起義，鄧蔭南東山再起，於廣東新安（今寶安）組織民軍響應。民國改元後，任新安民軍總監督，旋遷開平民團總長。1912年底任稽勛局名譽審議。後參加討袁、護法、逐莫（榮新）諸役，1917年任陸海軍大元帥府軍事委員會委員，繼任石龍鎅廠總辦、總統府諮議、內政部農務局長等職，任內多有建樹。1921年，以民選任東莞、開平二縣縣長，因賦性忠厚，故常為屬吏所欺，居官數月而請辭。

1922年，陳炯明叛變，孫中山蒙塵，餉盡援絕，鄧蔭南於開平舉兵聲援。1923年，鄧蔭南因廣東江防司令部會議事變憂憤成疾，是年2月5日病逝於澳門。翌年10月葬於廣州市先烈南路東鄰興中會墳場，卒年七十有八。1929年1月，國民政府追贈陸軍上將。遺著編入《蔭南文存》。

鄧蔭南墓，位廣州市先烈南路，東鄰興中會墳場。墓道旁立胡漢民撰書之墓表，簡介其生平，1929年立。墓呈長方形，坐北向南，頂平，上刻「陸軍上將鄧蔭南先生之墓」。其北面為紀念碑，呈豎立六柱形，高約九米，正面題「鄧上將蔭南紀念碑」。墓今仍存，供人憑弔。

廣州市先烈南路興中會墳場東鄰鄧蔭南墓

鄧蔭南先生墓表

公諱松盛，字蔭南，一字有相，廣東開平縣人。早歲從事革命，為清廷偵急，詭其名曰三。以齒亦長於同群，故群而稱之曰三伯公。

考諱善昆，貧居業農，而課子輒以遠大。

公性剛毅，有奇志。壯游於檀島，營糖業於茂宜山，容納華工數千人，得贏利。甲午中東戰起，感祖國之危亡，慨然有澄清之志。會先總理抵檀倡革命，心折之，訂生死交，而願傾家以助。興中會創立，公任副主席。乙未隨先總理返國，設幹部於香港乾亨行，而

公為主任，出鉅資購械運省，圖襲廣州。事敗，陸皓東身殉，而公奮鬥之志弗少衰。戊戌，約日人宮崎寅藏設東亞同文會於廣東寶慶新街，以聯絡清軍。與陳少白、李紀堂設中國報於香港，以鼓吹革命。庚子，鄭士良起惠州，公任後方接濟，同時任總司令，謀響應於廣州，令分道埋藥轟要署。總督署事以史君堅如任，史君行述中當別有詳錄。壬寅除夕，復與李紀堂、洪全福、梁務光等謀，乘元旦文武官行禮於萬壽宮，統聚而殲之，亦遭告密，不得發。以是亡匿，革黨人謀再舉。前後諸役，公均有所助，遂毀其家，其熱忱足欽仰如此。辛亥武昌起義，公首舉於廣東新安。

民國改元，任新安民軍總監督，旋任開平民團總長。八年，奉命編義軍討逆。九年，粵軍返旆，復編義勇隊響應。大局定，任石龍礮廠總辦、總統府諮議、內政部農務局長，多所建白。十年，以民選任開平縣縣長，政聲卓著，盜風斂戢。十一年六月十六日，陳炯明背叛，先總理蒙難於軍艦，餉盡援絕。公獨以萬金接濟，並舉兵開平，以為聲援。尋赴滬謁先總理，奉命回澳相機討逆。

十二年，廣東江防司令部會議事變，公憤鬱致疾，是年二月五日卒於澳門。溯生於清道光丙午八月初四日，得年七十有八。彌留之際，惟諄諄以努力革命勖其後人，未嘗一語及私。嗚呼！如公者誠何間言。

先總理為之誄曰：愛國以命，愛黨以誠，家不遑顧，老而彌貞。數語足盡公之生平，而公之足以不朽於後世，與夫為吾黨模範而無愧焉者，亦數語足概而毋庸贅辭。以崇德報功之意，追贈上

將，葬以國禮。其夫人譚氏暨陳氏、韋氏以賢淑稱。子植卿、啟祥、信真，女月棠、月梅、月霞、月祝，孫景、垣、能、善、繼、述。民國十三年十月六日葬公於廣州東郊大寶崗。余與公共事有年，知之深而敬之篤，爰綜其生平事略行誼為文，泐之於石，昭茲來許，俾登斯墓者知所景仰焉。

中華民國十八年六月

胡漢民撰文並書

梁俊生刊石

革命紀念會監修

潘琴航督理

張養記建石

　　陳少白（1869-1934），名白，幼名聞韶，号夔石，廣東江門新會外海人。同治八年（1869）7月20日生於江門市郊外海鎮南華里。陳少白天資聰敏，6歲入私塾。光緒十四年（1888），以第一名考入廣州格致書院（嶺南大學前身）。光緒十六（1890）年入讀香港西醫書院，經區鳳墀介紹，結識孫中山先生，成莫逆之交。期間，與孫中山、尤列及楊鶴齡等經常在楊耀記商號高論反清革命，四人被稱為「四大寇」。

　　光緒十八年（1892），孫中山自西醫書院畢業，陳少白退學隨之，助其先後在香港、澳門及廣州設藥局行醫。翌年冬，陳少白與孫中山、鄭士良等八人，在廣州城南廣雅書局抗風軒（今文德路中山圖書館南館）聚議，欲以「驅除韃虜，恢復華夏」為宗旨，成立組織，惜未能成。其後，孫中山返鄉，起草上書李鴻章，陳

少白為之修改。後藥局結業，孫中山聯同陸皓東北上天津投書，惜目的未達。

光緒二十年（1894）秋，孫中山赴檀香山。11 月，孫中山在檀香山成立興中會，以「驅除韃虜，恢復中華，創立合眾政府」為綱領，並將此事函告陳少白。孫中山曾與之同往外海茶庵寺，以民族大義說服洪秀全舊部慧真和尚加入興中會。

光緒二十一年（1895）初，孫中山回香港，與陳少白、鄭士良、陸皓東、原輔仁文社的楊衢雲、謝纘泰等，成立香港興中會，準備在廣州發動起義。其時，宣傳及起草文件等工作均由陳少白承擔。

乙未廣州起義前，孫中山與陳少白等在香港卉花酒樓聚會，籌劃起義事宜。因機密洩露，陸皓東等人犧牲。中山與陳少白、鄭士良乘日本貨船「神戶丸」逃到日本橫濱，聯絡馮鏡如等成立興中會橫濱分會。因會務難於開展，孫中山決定赴檀香山，鄭士良回國繼續聯絡會黨，陳少白則留在日本。在橫濱期間，陳少白幫助馮鏡如編撰華英字典，聯絡同志，處理會務。光緒二十三年（1897）夏，赴臺灣，主持成立臺北興中會分會。光緒二十四年（1898）戊戌政變後，康有為、梁啟超流亡日本，陳少白按孫中山指示，與康有為接觸，商談合作，未果。其間結識日本志士宮崎寅藏。

光緒二十五年（1899），陳少白策應惠州起義，失敗後避走香港，在港期間，奉孫中山命，化名服部次郎，籌資創辦《中國日

報》，宣傳革命。《中國日報》於是年十二月創刊，陳少白任報社首任社長及總編輯，楊少歐、陳春生、馮自由等先后任主筆，胡漢民、章炳麟任特約撰述。在其主持下，該報社成為宣傳革命及策劃起義之重要機關，該報刊登之宣傳革命文章，對喚醒民眾推翻封建統治、建立民主共和起到很大作用。

同時，為宣傳革命，陳少白與程子儀、李紀堂等創辦天演公司，開辦「采南歌」、「振天聲」、「振天聲白話劇」等劇社，招收青少年學員，訓練排演《文天祥殉國》、《六國朝宗》、《兒女英雄》等新劇，並為香港振天聲白話劇社編寫《自由花》、《賭世界》、《鳴不平》等具有愛國主義及反封建內容的劇本，宣傳民族民主革命思想。

為了團結革命力量，陳少白加入廣東三合會，被封為「白扇」（即軍師），又在畢永年協助下加入哥老會，被推為「龍頭」（即首領）。光緒二十九年（1900）春，陳少白聯同廣東三合會、哥老會與興中會，在香港召開聯合大會，共同組織忠和堂興漢會，推舉孫中山任總會長，陳少白為主持人。是年，《中國日報》併入文裕堂印務公司，陳少白任公司經理，仍負責報務。

光緒三十一年（1905），興中會在日本改組為中國同盟會，陳少白被選為中國同盟會香港分會會長，與馮自由等在香港大量招收新會員。翌年（1906），陳少白支持香港商人陳席儒、楊西岩等反對清政府收回粵漢鐵路實行官辦，並任粵路股東維護路權會顧問。光緒三十四年（1908），陳少白幫助廣州西關振天聲白話

劇社前赴南洋演出愛國劇目。宣統二年（1910），出任香港工商局顧問及四邑輪船公司經理。

宣統三年（1911）辛亥革命爆發，廣東光復後，胡漢民出任廣東都督，陳少白受任廣東都督府外交司司長。1912 年中華民國成立，孫中山在南京宣誓就任臨時大總統，外交權歸中央主理，陳少白遂辭去外交司司長職，致力發展交通事業。他組織粵航公司，並任總司理，收回外商所租賃之廣州西堤碼頭，向法商購入輪船兩艘，行駛廣州與香港之間。1915 年，陳少白與李煜堂創立上海保險公司，自任主席。1919 年，粵航公司停辦，陳少白把公司之船隻出售，繼購入聯興碼頭，並在碼頭旁（位今沿江西路處）建一樓宇，取名「塔影樓」，用作商住。

1921 年 5 月孫中山重返廣州，就任非常大總統，陳少白任總統府顧問、大本營參議，並協助其督師北伐。翌年 1 月，陳少白任國立中華國民銀行監督。六一六事變後，陳少白辭職回歸故里，致力家鄉建設，熱心整理鄉政，禁煙賭，修道路，籌辦中小學校，曾任新會外海鄉民團保甲局局長、鄉事委員會主席、新會第四區區長兼外海鄉鄉長，有暇並撰文吟詩。1930 年被任命為國民黨黨史編纂委員會委員。晚年著有《興中會革命史要》及《興中會革命史要別錄》。後因謝絕陳濟棠邀請重返政壇而避居北平（今北京市）。

1934 年 12 月 23 日，陳少白在北平病逝。終年 65 歲。靈柩於1935 年 3 月運返新會外海，葬於茶庵寺後山腰上。墓碑上刻國民

政府主席林森所題之「陳少白先生之墓」字樣。

　　陳少白故居位今江門市江海區外海鎮南華里，始建於 1929
年，花園（稱「白園」）與亞字樓及三合院居所為小河分所隔，以
「白橋」相連。園內舊有「莎蘿坪」、「粥鍋亭」及「瞻雲臺」等建
築。陳少白逝世後，其家人多旅居外地，樓宇日久失修，漸顯頹
破。1991 年春，外海鎮政府對「白園」及園內各建築進行修復，
並在故居內設立「陳少白事迹陳列館」，開放供人參觀遊覽。

九龍真逸陳伯陶

陳伯陶（1855－1930），字子勵（礪），號象華，一號勵道人，晚年更名永燾，又號九龍真逸，廣東東莞中堂鳳涌人，咸豐五年（1855）三月十七日生於東莞縣城。父陳銘珪，咸豐二年（1852）副貢。陳伯陶五歲啟蒙，六歲拜父故交陳澧為師，十歲通五經，就讀於羅浮山酥醪別院。光緒元年（1875），年二十一，中秀才。光緒五年（1879），年二十五，廣東鄉試第一名解元。光緒十八年（1892）壬辰科殿試一甲第三名探花，賜進士及第，時年三十八。歷任翰林院編修、文淵閣校理、武英殿協修、國史館協修及雲南、貴州、山東鄉試副考官。光緒二十六年（1900），八國聯軍陷天津，陳伯陶携眷南歸，翌年還京。光緒三十一年（1905）任南書房行走，光緒三十二年（1906）署江寧提學使，是年六月派往日本考察教育。回國後，在南京創辦教授外語的方言學堂及暨

南學堂，招華僑學生至南京攻讀。光緒三十四年（1908）任江寧布政使。宣統二年（1910）五月，陳伯陶辭官歸里，翌年任廣東教育總會會長。

宣統三年（1911）武昌起義後，清朝亡。1913年二月，陳伯陶攜眷避居香港九龍，先居紅磡，後再遷官富場之地（九龍城）。陳伯陶抵港後不剪辮，不易服，以清朝遺老自居，自號九龍真逸，署所居曰「瓜廬」，即以秦漢時東陵侯種瓜青門外

穿着朝服的陳伯陶肖像

自況，以示效忠清廷，不事二朝，以隱逸度其餘生，專心著述。其間，龍濟光入主廣東，曾力邀陳伯陶出山佐政，又以設廣東省志局為名，請其主持修志。陳伯陶不為所動，堅拒不就。反應東莞同鄉葉湘南之邀，於九龍設局纂修《東莞縣志》。1922年溥儀大婚，陳伯陶攜一萬元巨款入京祝賀，以盡為臣之禮。1930年8月20日，陳伯陶在香港九龍寓所病逝，年七十五歲，賜諡「文良」。墓葬廣州蘿崗小金峰山。東莞中堂鎮鳳涌村至今仍保留陳氏宗祠及其家祠。

陳伯陶工書善畫，好收藏明清野史、稗官、奏議、文集等文

獻，藏書頗豐，晚年將藏書捐置廣東羅浮酥醪觀「道同圖書館」。著有《孝經說》三卷、《宋東莞遺民錄》兩卷、《元朝廣東遺民錄》、《明朝粵東遺民錄》、《勝朝粵東遺民錄》四卷、《明季東莞五忠傳》兩卷、《增補陳琴軒羅浮志》五卷、《瓜廬詩賸》四卷、《瓜廬文賸》四卷、《東江考》、《袁督師遺稿》三卷、《吳梅村詩發微》等。編纂《東莞縣志》，輯有《宋臺秋唱》，刊刻《聚德堂叢書》。其《東莞縣志》凡九十八卷，一百三十餘萬字，六年修成，另附《沙田志》四卷，堪稱巨著。

陳伯陶在港隱居期間，與賴際熙、陳望曾、蘇志綱、馮博庵、羅元燮等前朝遺老，獲港紳贊助出資購買經籍四萬餘冊，並購置中環般含道 18 號，創立學海書樓，每週輪流講學，傳揚國粹，藏書開放供人閱覽。1963 年，學海書樓拆建，藏書借存香港大會堂圖書館，2001 年再遷移至香港中央圖書館繼續供讀者參閱。

陳伯陶墓位廣州市原蘿崗區（現黃埔區）蘿崗街黃陂村金峰嶺上，墓為灰沙墓，坐北向南。墓後有「陳山來龍」青石碑。墓正中為連州青石墓碑，碑上有祥雲拱月浮雕圖案，墓碑上刻「清賜進士及第，授榮祿大夫，諡文良，江寧提學使，陳公伯陶墓」。墓碑前左右有小方形石柱，上蹲小石獅，柱上刻「陳探花第」四字。左右兩旁為青石墓志碑，左碑已毀。墓前有臺階七級，第一級左右兩邊有圓形麻石華表，頂端各有一小石獅；第二級兩邊有石獅一對，基座上刻「陳探花第」。

墓志原為兩幅，今餘後幅，字跡剝落難辨。現據《清代碑傳

全集》卷二十一中陳寶琛所撰《江寧提學使陳文良公墓志銘》補全如下：

江寧提學使陳文良公墓志銘

君諱伯陶，字象華，一字子礪，東莞陳氏。曾祖允道。祖夢松。父銘珪，咸豐壬子副貢，嘗佐縣令練鄉兵殲賊，城賴以全。三代皆以君貴，贈如其官。母葉氏，封一品夫人。

君天資肫篤，早歲熟諸經。及遊陳蘭甫先生之門，所詣益邃。光緒己卯，領鄉薦第一。己丑，考取內閣中書。壬辰，一甲第三名進士，授編修。歷充雲南、貴州、山東副考官、武英殿纂修、起居注協修、文淵閣校理、國史館總纂。

甲午，邊事亟，戴學士鴻慈合同館數十人，奏請起用恭忠親王，君實主之。庚子亂作，兩宮西狩，君隨扈不及，展轉達行在。變法議起，或請開上下議院，戴侍郎以諮君，君曰：「不若因會議政務處而變通之。」為擬奏稿，列會議四益：曰收群策、曰勵人才、曰折敵謀、曰息眾謗。疏入，報可。踰年，蘇淮分省及日俄和成，收復東三省，事皆下會議。乙巳，命在南書房行走。丙午，出署江寧提學使，以崇實學、正人心諭告諸生。省各校浮費十餘萬兩，推廣實業、方言各學堂。戊申七月，署江寧布政使。立歲計表，鈎稽出納，歲絀銀九萬兩，嘆曰：「新政繁興，此後耗財且不止此矣。」是冬，兩宮晏駕，總督適統軍會操湖北，皖省告警，僚列蒼急無策。君請電調張提督勳軍駐下關，揚言皖亂已定，人心始安。己酉五月，再署布政使。十一月，實授江寧提學使。庚戌三月，入覲，時攝政王監國，君有所

陳，不之省，請假修墓。旋由粵督代奏開缺養親。辛亥九月，奉母避地九龍，養親事畢，遂居焉，自號九龍真逸。壬戌十月，齎萬金入京賀上大婚。因於召對，進老子三寶：曰慈、曰儉、曰不敢為天下先之說。上歎許久之，賞賚有加。自乘輿播遷，迄東陵之變，衰癃不能奔問，疊進鉅金，且涕泣為文，告海內外，勸輸修陵費。嘗欲撰《老子格言略釋》及《注疏》進呈，以病不果。庚午八月廿日卒，春秋七十有六。上軫悼，賞給陀羅經被，予諡文良。

著有《瓜廬文賸》、《詩賸》各四卷、《宋臺秋唱》一卷，其餘《宋明粵東遺民錄》及傳志之屬，凡百餘卷。余所見者，惟《孝經說》三卷，其下卷論孟子本《孝經》以闢楊墨，末辨《禮運》大同之言，謂非出孔子，皆有益於世道。

配方夫人。子四：祖蔭前卒，良玉、良士、良邦。女十人，孫十人：紹舜、紹昌、紹騫、紹樂、紹澧、紹吉、紹義、紹勳、紹唐、紹穌。於乙亥年三月廿四日，葬君於廣州長安市小金峰之陽。具狀乞銘。余識君晚，而相知也深，且君之學術忠節，皆有足書者，不辭而為之銘，銘曰：

> 惟聖畏漸，履霜知冰。詖淫之辭，皆有緣興。
>
> 疇昔變制，議厖聽熒。熄雅用夷，大憝斯乘。
>
> 君謀雖臧，一諤群歡。威弧不弦，日車遂翻。
>
> 遯迹江海，揆義天澤。述曾準孟，麾斥楊墨。
>
> 務反大經，以存人紀。忍視烝民，終淪虵豕。
>
> 鬱鬱松心，真宰潛通。英靈千載，閟此幽宮。

沈鴻英與元朗
逢吉鄉上將府

逢吉鄉，位元朗凹頭東北、沙埔鄉之東，為上世紀初沈鴻英將軍創立的村莊。

1925 年，民國元勳沈鴻英將軍解甲歸田，隱居香港，見元朗沙埔鄉風景優美，如世外桃源，遂購田置地，創立家園。沈氏以其一生馳騁沙場，每遇困境，皆能逢凶化吉，故名其定居之地「逢吉鄉」。

沈鴻英，又名亞英，字冠南，1871 年生。祖籍廣東恩平，居廣西雒容（今鹿寨），出身綠林。1911 年起歸正，任桂軍劉震寰部管帶，旋升督帶。1913 年任陸榮廷部幫統；1915 年任廣西巡防軍統領；1916 年任欽廉鎮守使；1917 年任討龍濟光軍第三軍總司令，繼遷瓊崖鎮守使。1919 年調升南韶連鎮守使、粵贛湘邊督辦、粵桂邊防第三路軍總司令。1921 年自任援桂軍總司，討伐陸

榮廷。翌年被北京政府任為陸軍第十七師師長，授將軍府協威將軍，旋遷廣西靖國軍總司令。1923年被北京政府委任為廣東軍務督理。1924年，沈鴻英歸降孫中山政府，並被任為桂軍總司令，率部退守廣西，後自任廣西建國軍總司令。1925年，新桂系李宗仁等聯兵擊之，沈鴻英敗逃，潛居香港，開村新界逢吉鄉，建上將府。1938年春，沈鴻英於香港逝世，年六十七。

逢吉鄉為一客家莊園，由三間房舍組成，前有禾坪，外有矮牆圍繞，開側門，入口有閘門，門楣橫書「鎮南堂」，兩旁聯云：「鶯還從柳地，鷦寄得桃源。」

入門，首座房舍為協威樓，為本世紀初洋樓型式，採中西合

上將府

璧形制，高兩層，無走廊，該建築用作居所。

正中為兩堂兩橫式客家建築，高兩層，為沈氏家人住所，大廳中懸沈鴻英戎裝照片，狀甚威武。正門橫額「上將府」，門旁聯云：「氏源公姓，家本將門。」

上將府旁為沈氏家祠，為傳統兩進三間式祠宇。門額「沈氏家祠」，門聯云：「西周垂裕，南粵騰芳。」祠內供奉沈氏歷代祖先神位，兩旁牆上有何久安手書「明德達人」、張一氣題「光前裕後」木匾及岑春煊撰「跡寄桃源，功昭戰史，具淵明廉頗風規，能為英雄，復為高士；業宏棟宇，典重烝嘗，式朱子周公雅訓，是曰賢父，亦曰孝孫」木聯。

距鎮南堂不遠，有大屋一座，門額「明園」，傳為沈鴻英所建「兵站」，為其隨從隱居之所。

協威樓

沈氏家祠

李福林與大埔康樂園

　　李福林，字登同，番禺大塘人，1872年生。年少時，曾就讀私塾數年，之後出入綠林，慣手持燈筒（火水燈長圓型的玻璃燈筒），故得綽號「燈筒」，後易為「登同」。性任俠，好打抱不平。清末，廣州附近南海、番禺、順德等縣多盜，擄掠之外多好械鬥。番禺大塘鄉人以李福林能得物不歸私有，且分配公平，故推舉為頭領。綠林間有大事時，李福林則召集各縣頭領聚會，共同解決事情，各縣頭領見其號召，皆響應聽命。1905-1906年間，岑春煊督粵，治盜嚴，李福林與各縣綠林頭領多避居南洋。時革命黨人收編各地綠林會黨，協助起事。1907年10月鎮南關之役，李福林於越南海防加入同盟會。1909年，廣州新軍反正，李福林率各鄉綠林響應。1910年，參與孫中山先生於新加坡召開華僑同志大會。

1911 年 4 月黃花崗之役，李福林亦率番禺各鄉民軍響應。是歲 10 月，武昌革命軍興，李福林號召所部組織民軍，與南海陸領、三水陸蘭清及順德譚義等會師廣州，稱「福軍」，司令部設廣州市海幢寺。1917 年護法運動，孫中山於廣州任大元帥，福軍為大元帥府親軍，李福林為廣東都督府警衛軍營長。1924 年被李福林選為廣州市長，同年發生廣州商團暴亂。其後，福軍亦曾助攻陳炯明。1925 年國民革命軍成立，福軍被編為第五軍，李福林獲委任軍長。1926 年北伐時，第五軍主力留守廣州。1927 年，李福林聯合張發奎，於廣州反對蔣介石。同年 12 月，共產黨發動廣州起義，李福林加以鎮壓，事後解職退隱回鄉，務農度日。其在香港及廣州皆有農莊，平時居住香港大埔康樂園。

　　1936 年，李福林被授予陸軍中將軍銜，抗日戰爭期間任廣東遊擊總司令。1938 年，日軍策劃進攻廣東，欲收買廣東將領，並意圖登陸虎門，進攻廣州。李福林將此事報告陳策將軍，二人設謀反間，擊斃數百名登陸日軍及偽軍。日軍攻佔香港後，李福林離港往重慶。1949 年移居香港，定居大埔，闢地建康樂園，過寓翁生活。1952 年 2 月 11 日，李福林病逝，年七十八。

　　李福林墓，位康樂園東西兩路交界一小山坡上，墓碑正中上刻「陸軍上將顯考諱福林李公墓」，右旁小字「生於同治壬申年七月十八日巳時，卒於民國壬辰年正月十六日卯時」，左旁小字「李厚德堂子孫立石」。

　　李福林所闢建的康樂園，確切位置今已無考。蓋其地於 1980

年間已建成康樂園屋苑，為大型西式住宅區，有房屋千餘間。其舊貌，據吳灞陵所撰《新界風光》記載：「康樂園在大埔道十八咪半左右，在路的西邊是花園，東邊是果園。花園農曆年宵賣桃花，設有餐廳。」可見當時的康樂園實為一旅遊勝地，遊人可於該地賞花果，並作休憩。

青年時代的葉靈鳳

葉靈鳳，原名蘊璞，江蘇南京人，1904 年 4 月 9 日生。初就讀江西九江小學，繼升江蘇昆山高小，後入讀教會主辦的鎮江中學。1924 年，隨三叔到上海，入讀上海美術專科學校，並向創造社投稿。1925 年加入創造社，參與出版社工作，開始文學創作，作品內容注重性心理分析。筆名有臨風、亞靈、霜崖、秦靜聞、佐木華、雨品巫、柿堂、南村、任訶、任柯、風軒、燕樓等。曾主編《洪水》半月刊。1926 年，遭淞滬警察廳拘禁，後獲釋。10 月，創辦《幻洲》半月刊。1927 年繼續在創造社工作，負責《創作月刊》。1929 年創造社被封，被捕，不久被釋放。1930 年代，葉靈鳳以作家身份活躍於上海文壇，與魯迅、茅盾、鄭伯奇、蔡元培、林語堂、曹聚仁等論交，並主編多份報刊。1930 年加入中國左翼作家聯盟。1935 年任時代圖書公司編輯並支持新興木刻運動。

抗戰期間的葉靈鳳

1937年八·一三事變後，葉靈鳳任《救亡日報》新聞版編輯。是年底上海淪陷，報社由滬南遷，經廣州至港，葉靈鳳仍為該報新聞版編輯，同時擔任《立報》、《國民日報》、《星島日報》等副刊編輯，積極參與推動本地文壇發展。1939年廣州淪陷，葉靈鳳恰回香港探望家人，遂居港。1940年中華文協香港分會成立，被選為理事。1941年香港淪陷後，星島日報易名《香江日報》，葉靈鳳仍留任原職，並不時在日方主理的《新東亞》、《大同》等雜誌發表文章。據說他利用為日本大岡公司工作之便，從事敵後工作，搜集日本文化情報轉交國府。1942年葉靈鳳得日本友人協助，與戴望舒往淺水灣（時為禁區）訪蕭紅墓。

葉靈鳳在香港淪陷期間被不少文化人士當作「文化漢奸」，視他為積極親日派。因為在日本人主辦的很多文化活動中，他都是大會的主角。其實他既是日佔政府的文化顧問，同時又偷送日本材料給重慶政府，為國民黨工作（有國民黨檔案為證）。他曾被《魯迅全集》的註文定為「漢奸」，最近則有學者在考證他是否共產黨的同路人。葉靈鳳的多面人身份，深刻地影響其文章思想，從最初的《大東亞雜誌》，到後期的《大眾週報》和《華僑日報》的《文藝週刊》，都能看到他作為主編的「兩面手法」：一方面要替日本人講好話；另一方面又似乎要藉發思古之幽情，反映對鐵蹄下現實生活的不滿。

戰後居港的葉靈鳳

香港光復後，葉靈鳳於 1946 年任職上海雜誌公司，出版《讀書隨筆》。1951 年成為《星島週報》十二位編輯委員之一，常為《星島週報》提供珍貴圖片，文稿多署名「葉林豐」，圖片說明多則只署一「豐」字。1952 年 1 月 3 日，發表〈我的文章防綫〉一文，反對商業化寫作。1957 年回上海憶舊，其後回歸香港。1975 年 11 月 23 日，葉靈鳳病逝於香港養和醫院。

葉靈鳳在港期間曾主編《星島日報》副刊《星座》、《新晚報》的《霜紅室隨筆》、《立報》的《言林》等專欄，亦負責《國民日報》副刊、《百人週刊》與《大同》等雜誌。著作以隨筆小品及翻譯為主，並從事香港掌故、方物的開創性研究。

葉靈鳳與香港歷史掌故

戰後葉靈鳳韜光養晦，除主持星島日報副刊編務之外，一直寄情於本土草木蟲魚、山川風土及歷史文物研究。1947 年起，葉靈鳳於《星島日報》撰寫〈香港史地〉專欄，有系統地介紹香港歷史和方物知識。初以小品形式刊於報紙專欄，後來結集成書。當年刊行的作品有《香港方物志》、《香江舊事》及《張保仔的傳說和真相》。另有他去世後由絲韋（即羅孚，羅海星之父）編輯整理，並於 1989 年在中華書局出版的《香港的失落》、《香海浮沉錄》、《香島滄桑錄》，合稱「葉靈鳳香港史系列」。

葉靈鳳亦曾發表讀書隨筆，出版《北窗讀書錄》、《文藝隨筆》、《晚晴雜記》等著作。

陳公哲與香港考古發掘

陳公哲（1890-1961），祖籍廣東香山（今廣東省中山市）茶園鄉，1890 年生於上海。其父親陳陞堂於上海經營粵瑞祥五金行。先生幼隨姊學。1899 年隨父返香山。1900 年就讀於陳介香處，是年 10 月隨父返上海。1904 年入讀上海守真書館。1905 年參加健身球社，擔任球員。1906 年入仁鏡學社為會員，深受何劍吾學說影響，與筆名我佛山人的吳趼人為友。1907 年加入其父所辦粵瑞祥五金行經商，並與王雲五等組勵志社，後改名振群學社。1909 年擔任留美預備學校英文教師。

1910 年，陳公哲應同盟會會員陳其美倡議，為短期內訓練出有強健體魄及軍事技能的青年，開始組織精武體操學校，促成了霍元甲張園擂臺比武事件。當年 3 月，與姚蟾伯（江蘇吳縣人）、盧煒昌（廣東中山人）在上海成立精武體育會。陳公哲為精武會核心領導，與盧煒昌、姚蟾伯合稱「精武三公」。同年

11 月，與元配盧雪英結婚。1913 年，陳公哲就讀於上海復旦大學，因父病重，中途輟學以經營父業，此後陸續自聘各科名師在家學習。

精武會的創立

1915 年，陳公哲與姚蟾伯於上海倍開爾路建築精武會。1916 年，精武會於上海新舞臺慶祝六週年紀念，孫中山先生應邀親臨祝賀。1917 年，陳公哲出版《測光捷徑》一書。同年，廣肇公所辦學風潮起，精武公園擴健未成。1918 年，先生於漢口創辦精武會，廣肇公所辦學風潮結束，精武公園健成。1919 年，先生開辦廣東、香港精武會。同年，先生元配盧夫人逝世。1920 年，先生正技擊之名為「國術」，國內各埠紛紛成立精武分會。先生且南遊越南西貢、星加坡、吉隆坡、檳榔嶼及荷屬各埠，先後成立精武分會。同年，先生續娶卓寶文為繼室。1922 年，陳公哲到南洋推廣國術，子哲文於南洋芙蓉埠誕生。1923 年，因大量墊捐供精武會運作，所營各業因缺資金周轉而結束，陳公哲出走南洋，居克明路讀書，是年冬，拜章太炎為師。1924 年正月，先生次女素心於上海出生。八月，其父陳陞堂逝世，年七十八。

官場滄桑

1925 年，陳公哲於上海閘北創立公吉堂製藥廠。1926 年，公吉堂製藥廠於齊盧之戰被毀，先生往南京呈請國立精武會，未成，繼與張之江成立中央國術館。1927 年，先生參事南京市政府，居後湖，任國都設計委員會評議，襄辦南京市設計，定立省

市界線。1929 年，先生調任南京浦口市政管理處處長，於赴浦口湯泉狩獵時為石友三叛兵所擄，後獲釋。12 月，次子安寧於南京誕生。1930 年入鐵道部。1932 年一‧二八事變爆發，北川路家宅被毀，先生返港暫住。1932 年返南京，建異卉園及箜篌別墅。1933 年與卓氏仳離。1934 年，陳公哲與曹靜薇於蘇州結婚。當年 11 月，任北平市政府專員，12 月調天津市任外交委員，惜招日本人忌恨。1935 年，陳公哲因感無法施展所長而離開政界，寓居北平讀書。1936 年 1 月，三子哲微生於蘇州。1937 年居廣東。

寓居香港

1938 年，陳公哲遷居香港，潛心考古工作，於香港各島嶼作考古發掘。是年 7 月，先生編撰的《香港指南》於商務印書館初版。1939 年，陳公哲釐定香港十景，定夏蘭子為港花。1940 年發起港九書法座談會。同年 7 月三女素蘭於香港誕生；十月舉辦廣東文物展覽會，展出香港地區之出土古物。1941 年舉行港澳華僑書法比賽。當年 12 月 25 日，香港淪陷。1942 年 5 月，先生離港經東江往桂林，於桂林舉辦個人書法展覽，8 月抵重慶。1943 年至 1945 年間，先生寓居桂林，並到各省遊歷講學。1945 年 2 月，四子誕生於桂平。同年 8 月日寇投降。

1946 年 9 月，陳公哲返港，寓於石工營。1947 年，先生建築靜廬，開闢建康村，12 月遷寓其中。1948 年 6 月返滬訪舊。當年 10 月，陳公哲支持長子哲文投身革命，並引見李濟深，請求幫助。1949 年仍居香港，12 月四女素芳生於香港。1950 年，協助由臺逃港人士回國內參加革命。1951 年五女素英生於香港。1953

年，在香港自任精武總裁，走訪南洋各地。是年秋冬間，在港為太極拳派吳公儀與白鶴拳派陳克夫調解設擂比武之事，未果，事後著《吳陳比武》一書詳述其經過。1955 年 3 月，五子捷明於香港出生。1956 年 2 月，陳公哲將個人書畫及版稅贈與香港聾啞學園教師；5 月，率隊參加廣東省武術觀摩會，並登臺與李佩弦表演對打；6 月應邀赴京參加全國武術觀摩大會，獻出所創比武用護身甲。1957 年，開始撰寫《精武會五十年武術發展史》，闡述與精武會的關係。書於 1960 年 3 月脫稿。1961 年 12 月 8 日，陳公哲突發腦溢血，於香港瑪麗醫院逝世，終年七十二。

早期香港考古工作

香港早期考古工作始自 20 世紀 20 年代，由一群熱心的業餘外國人士主理，其中著者有韓義理醫生（Dr. Charles Montague Heanley）、蕭思雅教授（Prof. Joseph Shellshear）、芬戴禮神父（Father Daniel Finn, S.J.）及施戈斐侶先生（Walter Schofield）等。

首名在香港從事考古發掘的華人陳公哲，亦為業餘考古工作者。1938 年日本侵華期間，陳公哲舉家南遷香港，在偶然機會下，翻閱香港大學出版的雜誌《香港自然科學界》（*Hong Kong Naturalist*）所載愛爾蘭耶穌會范達賢（芬戴禮）神父的《香港考古發現》報告，不覺油然生趣。乃租艇往南丫島，探求作者所發掘的海灘故址，尋得陶片數件而歸，心猶未足，遂組隊再往探索。陳公哲以個人財力及友人資助，購買船隻，偕同兒子，又僱用女工十多名，沿香港島及多個離島海岸，即石澳、獅子山、屯門、

掃管笏、龍鼓洲、沙洲、南丫島榕樹灣、洪聖爺灣、鹿洲及大嶼山東灣、沙崗背等地，作為期八個月的考古調查發掘。其中在大嶼山東灣發掘時間最長，前後三次共二十五日。

陳公哲發掘出土的從商周至明清各代遺物甚豐，中有石器（石斧、石刀、石珥、石鏃、石標、石錘、石銼等）、陶器（陶片、陶斧、陶壺、陶碗、陶盂、陶豬等）、銅器（銅鏃、銅銳、銅斧、銅鏡、銅環、銅錢等）、玉器（玉牙璋、玉斧、玉玦、玉珥等）、鐵器等，總計二百五十餘件，數量為香港歷來考古發掘所得之最。其中不乏漢代玉俑、唐代海馬葡萄鏡等珍貴文物。

陳公哲在大嶼山沙崗背（即今石壁水塘以南）發現不少古代文物及先民活動遺蹟。此外，陳公哲還在此地探得一遠古回文石刻，發掘報告刊於 1957 年《考古學報》第四期。陳公哲博學多才，在東灣海旁留有一首石刻詩：

> 石筍矗東灣，沈沙考玦環。
>
> 蘊藏多寶氣，攻錯借他山。
>
> 磨洗存千古，謳吟到百蠻。
>
> 前朝空悵望，提筆莽蒼間。

據說該批出土文物曾於 1940 年由中國文化協會、廣東文物展覽會主辦，在香港大學馮平山圖書館展出。惜日寇佔領香港後，這批寶貴文物大部分散失。東灣海旁石刻詩今亦難睹，只餘遠古回文石刻可供研究。

策劃編輯		梁偉基
責任編輯		江其信
書籍設計		a＿kun

書	名	鑑古尋根：香港歷史與古蹟尋蹤
著	者	蕭國健
出	版	三聯書店（香港）有限公司
		香港北角英皇道 499 號北角工業大廈 20 樓
		Joint Publishing (H.K.) Co., Ltd.
		20/F., North Point Industrial Building,
		499 King's Road, North Point, Hong Kong
香港發行		香港聯合書刊物流有限公司
		香港新界荃灣德士古道 220-248 號 16 樓
印	刷	美雅印刷製本有限公司
		香港九龍觀塘榮業街 6 號 4 樓 A 室
版	次	2021 年 6 月香港第一版第一次印刷
規	格	大 32 開（140 × 210 mm）304 面
國際書號		ISBN 978-962-04-4801-0